어린이도 알면 좋은 부동산 이야기

캥거루 복덕방

어린이도 알면 좋은 부동산 이야기
캥거루 복덕방

1판 1쇄 발행 | 2024. 5. 29.
1판 4쇄 발행 | 2025. 9. 11.

김나월 글 | 국민지 그림

발행처 김영사 | **발행인** 박강휘
편집 이은지 | **디자인** 윤소라 | **마케팅** 서영호 | **홍보** 조은우
등록번호 제 406-2003-036호 | **등록일자** 1979. 5. 17.
주소 경기도 파주시 문발로 197(우10881)
전화 마케팅부 031-955-3100 | 편집부 031-955-3113~20 | 팩스 031-955-3111

© 2024 김나월, 국민지
이 책의 저작권은 저자에게 있습니다. 저자와 출판사의 허락 없이 내용의 일부를 인용하거나
발췌하는 것을 금합니다.

값은 표지에 있습니다.
ISBN 978-89-349-3680-0 73320

좋은 독자가 좋은 책을 만듭니다. 김영사는 독자 여러분의 의견에 항상 귀 기울이고 있습니다.
전자우편 book@gimmyoung.com | 홈페이지 www.gimmyoung.com

| **어린이제품 안전특별법에 의한 표시사항** | 제품명 도서 제조년월일 2025년 9월 11일
제조사명 김영사 주소 10881 경기도 파주시 문발로 197 전화번호 031-955-3100 제조국명 대한민국
사용 연령 10세 이상 ⚠ 주의 책 모서리에 찍히거나 책장에 베이지 않게 조심하세요.

어린이도 알면 좋은 부동산 이야기

캥거루 복덕방

김나월 글 | 국민지 그림

주니어김영사

어서 오세요, 캥거루 복덕방입니다 • 6

내 돈 내놔라 • 10
캥거루 부동산 수첩
집주인 확인은 꼼꼼하게 • 30

코알라의 신혼집 • 32
캥거루 부동산 수첩
집을 사용하는 방법은? • 46

너도나도 강마을로 • 48
캥거루 부동산 수첩
집값이 달라지는 이유와 재산에 속하는 것 • 64

쿵쿵 토끼와 귀 큰 당나귀 • 66
그날의 대화
슬기로운 이웃 생활 • 84

우리 사이 좋은 사이 • 88
그날의 대화
지켜야 할 것과 요구할 수 있는 것 • 102

헌 집 줄게 새 집 다오 • 106
캥거루 부동산 수첩
재개발, 좋다? 나쁘다? • 126

따로 또 같이 • 128
캥거루 부동산 수첩
나의 집? 우리 집? 공유 주택 • 142

내가 생각하는 집 • 144
작가의 말 • 150

어서 오세요,
캥거루 복덕방입니다

'오늘은 어떤 손님이 오시려나?'

캥거루가 사무실 문을 활짝 열자 기다렸다는 듯이 햇살이 쏟아져 들어왔어요. 캥거루는 먼지를 탈탈 털고 바닥을 쓱쓱 닦았지요.

청소를 끝내고 느긋하게 차를 마시면서 밖을 내다보는데 판다가 들어왔어요. 귀와 눈 주위가 새까만 판다였지요.

"어서 오세요. '캥거루 복덕방'입니다."

캥거루는 판다에게 도토리차를 권했어요. 김이 오르는 찻잔 너머로 캥거루가 웃고 있었어요. 눈빛은 따스하게 반짝였고 털은 반지르르하고 깔끔했어요. 귀는 한 마디도 놓치지 않으려는 듯 쫑긋 서 있었지요.

"요즘은 집을 사고팔 때 도와주는 곳을 공인 중개사 사무소라고 하잖아요. 왜 복덕방이라고 간판에 쓰셨어요?"

판다가 사무실을 둘러보았어요. 사무실은 낡았지만 깔끔하게 정돈되어 있었지요.

"강마을에 있는 공인 중개사 사무소를 검색하다가 복덕방이라는 이름이 나와서 신기했거든요."

판다가 호기심 가득한 얼굴로 캥거루를 봤어요.

"엄마가 일하시던 사무실이에요."

캥거루가 벽에 걸린 사진을 가리켰어요. 사진 속에는 아기 캥거루가 엄마 캥거루 앞주머니 안에서 환하게 웃고 있었지요.

"저 아기가 공인 중개사님이에요? 엄마 사무실을 이어받다니! 멋지시네요."

판다가 손뼉을 치며 감탄했어요.

"복덕방은 '복과 덕을 나눠 주는 곳'이란 뜻이에요. 뜻도 좋고, 엄마 사무실 이름을 그대로 이어받고 싶었어요."

캥거루 말에 판다는 고개를 끄덕였어요.

"낯선 분이신데 이 마을에 처음 오셨나 봐요."

웃는 캥거루 눈이 반달처럼 작아졌어요.

"역시 전문가는 다르시네요. 이곳을 다녀간 동물들의 후기를 봤는데 다들 칭찬하더라고요. 그중에 '복덕방이라는 이름 때문인지 우리 집에 복이 굴러 들어왔어요. 강추!'라는 후기가 제일 기억에 남아요."

판다 얼굴은 벌써 복을 선물 받기라도 한 것처럼 환했어요.

"감사합니다. 전 제 일에 최선을 다할 뿐이에요."

캥거루가 얼굴을 붉힐 때였어요. 책상 위에 나란히 놓여 있던 두 개의 전화기에서 벨이 한꺼번에 울렸지요.

"잠깐만요."

판다에게 양해를 구하며, 캥거루는 전화기를 양손에 하

나씩 집어 들었어요. 따스해 보이던 캥거루 눈빛이 갑자기 날카로운 전문가의 눈빛으로 변했지요.

"네, '캥거루 복덕방'입니다."

캥거루는 양쪽 전화기에 동시에 말했어요. 그러고는 오른쪽 전화기에 대고 "잠깐만요."라 말하고, 왼쪽 전화기에 귀를 기울이며 판다를 향해 소리 없이 입 모양으로 말했어요.

"잠깐만 기다려 주세요."

판다는 걱정 말라는 듯이 고개를 끄덕였어요. 캥거루의 전화 상담은 길게 이어졌지요.

내 돈 내놔라

"이사 오시려고요?"

한참 만에 전화기를 내려놓으며 캥거루가 물었어요.

"이 마을에 있는 회사에 취직이 됐어요. 당장 이사 올 집이 필요해요."

판다는 설레는 얼굴로 말했어요.

"축하드려요. 그러면 집을 사실 건가요? 전세나 월세로 하실 건가요?"

"집을 살 만큼 큰돈은 없어요. 그래서 전세로 알아보려고요."

판다가 시계를 보면서 대답했어요.

"이사 날짜가 빠른 집이 있는지 한번 살펴볼게요. 잠깐만 기다리세요."

캥거루가 노트북을 보며 알맞은 집이 있는지 찾았어요.

그때 원숭이가 캥거루 사무실로 들어왔어요. 아무런 인사도 없이 용건부터 말했지요.

"급하게 다른 마을로 이사를 가야 해요. 내일이라도 당장 짐을 뺄 수 있어요."

원숭이는 급한지 재우쳐 말했어요.

"캥거루님은 일 잘하기로 소문나셨던데 우리 집도 빨리 해결해 주실 거죠? 눈도 반짝이시고 전문가다운 느낌이 물씬 납니다."

원숭이의 칭찬에 캥거루는 쑥스럽게 웃었어요.

"감사합니다. 언제나 최선을 다할 뿐이죠."

"우리 집은 정말 편하고 살기 좋아요. 좋은 분에게 소개해 주세요."

원숭이는 캥거루와 오랜 친구처럼 말했어요. 옆에 있는 판다는 아랑곳 않고 온갖 자기 자랑도 늘어놓았지요. 얼마

나 좋은 차를 가지고 있는지, 하는 일은 얼마나 잘되는지 숨도 안 쉬고 떠들었어요. 캥거루는 원숭이가 참 다정하고 싹싹하다고 생각했어요.

"저기, 잠깐만요."

둘의 대화를 한참 듣고 있던 판다가 끼어들었어요. 캥거루는 그제야 판다가 생각났어요.

"이런, 내 정신 좀 봐. 마침 이사가 급한 분이 앞에 계시네요."

캥거루 말에 원숭이가 뛸 듯이 좋아했어요. 그러고는 당장 집을 보러 가자며 앞장섰지요. 캥거루와 판다는 원숭이를 따라 집을 보러 갔어요.

원숭이 집은 널찍하고 깔끔했어요. 판다는 집 앞에 있는 커다란 후박나무도 마음에 쏙 들었지요.

"좋아요. 당장 계약할게요."

사무실로 돌아온 판다와 원숭이, 캥거루는 한자리에 모여 앉았어요.

"이 집의 주인이 누구인지 알아볼 수 있는 등기부 등본입니다."

집이나 토지 같은 부동산에 관한 권리관계(권리와 의무 사이의 관계)를 적어 두는 등기부를 복사한 문서를 **등기부 등본**이라고 해요.

캥거루가 판다에게 서류를 보여 주면서 원숭이에게 말했어요.

"원숭이님, 신분증 보여 주세요."

"어쩌죠? 시, 신분증을 두, 두고 나왔네요."

지갑을 확인하던 원숭이가 얼굴이 빨개지며 말을 더듬었어요. 그러다 금세 언제 그랬냐는 듯이 웃으며 말했어요.

"나중에 꼭 보여 드릴게요. 아까 제가 사는 집을 직접 눈으로 확인하셨잖아요."

원숭이의 목소리는 더없이 부드럽고 다정했지요. 하지만 캥거루는 단호하게 고개를 저었어요.

"신분증은 반드시 확인해야 해요. 계약할 때 중요한 규칙이에요."

"지금 절 못 믿으시겠다는 거예요? 제가 뭐, 거짓말이라도 한다고 생각하시는 건가요? 참 어이가 없네요. 저를 어떻게 보고 그러시는 거예요!"

원숭이는 콧김을 쏘아 대며 펄쩍펄쩍 뛰었지요.

"못 믿어서가 아니고요, 안전한 거래를 위해 집주인의 신분증은 반드시 확인해야 한답니다. 기다리고 있을 테니 얼

른 다녀오세요."

캥거루는 조심스럽지만 딱 잘라 말했어요. 그러자 원숭이가 캥거루 팔을 잡으며 은근하게 사정했어요.

"제가 나중에 꼭 보여 드린다니까요. 서로 믿고 사는 사회! 얼마나 좋아요."

판다는 옥신각신하는 캥거루와 원숭이를 지켜보며 기다렸어요.

따리리리링, 따리리리링.

판다 전화기가 울렸어요. 회사에 급한 일이 생겼으니 빨리 들어오라는 전화였지요.

"빨리 가 봐야 해요. 그러니까 먼저 계약부터 하면 어떨까요? 믿고 맡길 테니 캥거루님이 나중에 신분증을 꼭 확인해 주세요."

판다는 급하게 서둘러 일어났어요.

"할 수 없네요. 이사 오실 분도 바쁘다고 하시니, 계약서 쓰고 나서 바로 신분증 가지고 오세요."

사정하는 원숭이와 서두르는 판다에게 캥거루가 다짐하듯 말했어요.

"아유, 당연한 말씀."

원숭이는 콧소리를 섞어 가며 말했지요.

원숭이와 판다는 계약서에 사인을 했어요. 판다는 원숭이에게 계약금을 주었지요.

다음 날은 온종일 바빴어요.

판다는 캥거루 앞에서 전체 집값에서 계약금을 제외한 나머지 돈을 원숭이에게 주었어요. 그러고는 집 열쇠를 넘겨받았지요.

원숭이는 서둘러 짐을 빼고, 판다는 이어서 짐을 들였어요. 모두 정신이 없었어요.

"마무리 잘해주셔서 정말 감사해요."

일을 다 마친 원숭이는 캥거루 사무실에 들러 인사를 하고 또 했어요. 캥거루는 멀어지는 원숭이의 뒷모습을 보며 어깨를 올렸다 내렸어요. 지금까지 꽤 오래 공인 중개사로 일했는데 저렇게 깍듯한 인사는 처음 받아 보거든요.

캥거루는 기분 좋게 기지개를 켰어요. 늘 울려 대던 전화기도 조용했지요.

그때 사무실 문이 벌컥 열렸어요. 판다가 숨을 헐떡이며 말했어요.

"신분증 확인하셨죠?"

"아, 그게……."

캥거루는 가슴이 철렁 내려앉았지요. 등에서는 식은땀이 주르륵 흘렀어요.

또 문이 벌컥 열렸어요. 너구리 할아버지가 헐레벌떡 들어서고 있었어요.

"오늘 우리 집에 누가 이사 오던데 도대체 어떻게 된 일

이죠?"

 너구리 할아버지의 눈은 벌겋게 달아올라 있었고, 지팡이를 잡은 손은 달달 떨고 있었지요.

 "할아버지 집이요? 어떤 집이죠?"

 캥거루는 벌렁거리는 가슴을 겨우 진정시키며 물었어요. 짐짓 아무 일 없다는 듯이 웃으면서요.

 "저기 후박나무 있는 집 말이오."

 너구리 할아버지 말이 떨어지기 무섭게 캥거루와 판다

는 용수철 튕기듯 튀어 올랐지요.

"네에?"

캥거루는 다리가 떨려 도저히 서 있을 수가 없었어요. 하지만 애써 마음을 다잡으며 물었어요.

"거, 거긴 원숭이 집 아닌가요?"

"말도 안 되는 소리! 거기 사는 원숭이는 내 조카요. 돈이 없다면서 몇 달만 살게 해 달라고 사정사정해서, 그동안 공짜로 빌려줬어요. 그런데 그 애가 왜요?"

"원숭이가 주인이 아니었다고요? 그럼 내 돈은?"

판다는 철퍼덕 주저앉았어요.

캥거루는 너구리 할아버지에게 어제, 오늘 있었던 일을 더듬더듬 이야기했어요. 목이 타서 연거푸 찬물을 마셔 가면서요.

"이보시오! 주인 확인도 안 하고 엉뚱한 데다 돈을 줬단 말이오?"

너구리 할아버지가 고래고래 소리를 질렀어요.

"이를 어째요! 책임지세요! 당장 내 돈 내놔요!"

판다가 캥거루 앞주머니를 끌어당기며 아우성쳤어요.

캥거루는 하늘이 노랬어요. 그래도 이럴 때일수록 정신을 차려야 한다고 속으로 생각하고 생각했지요.

"당장 내 집에서 짐 빼요!"

"난 분명 집값을 줬다고요! 절대 못 나가요!"

너구리 할아버지는 길길이 날뛰고 판다는 땅을 치며 눈물을 흘렸지요.

"진정하세요. 먼저 경찰에 신고부터 해야겠어요."

캥거루는 떨리는 마음을 억누르며 침착하게 말했어요.

"지금 내가 진정하게 됐어요?"

너구리 할아버지와 판다는 합창이라도 하듯 함께 소리쳤지요.

그때 전화가 걸려 왔어요. 캥거루는 전화기에 찍힌 번호를 보다가 반가워서 눈물이 나올 것만 같았어요.

"지금 전화 따위 받을 때가 아니잖아요! 내 돈 찾아내! 내 돈!"

판다가 캥거루의 전화기를 빼앗아 집어 던지려고 했어요.

"쉿! 원숭이에게 온 전화예요. 제가 전화 받는 동안 조용히 하세요. 제발!"

"내가 받아서 혼을 내줄 테요. 전화 이리 내놔요!"

너구리 할아버지와 판다는 서로 전화기를 뺏으려 했어요.

"이러다가 전화를 끊어 버리면 어쩌려고요? 살살 구슬려서 이쪽으로 오게 해야죠."

캥거루는 겨우 둘을 진정시켰어요. 그러고는 숨을 깊이 들이쉰 후 마음을 가다듬고 전화를 받았지요.

"네, 원숭이님. …… 그럼요. 그 사이 무슨 별일이야 있겠어요. …… 네, …… 이사는 잘하셨어요?"

캥거루는 아무 일 없다는 듯이 밝게 인사했어요.

판다가 콧김을 내뿜으며 전화기에 대고 소리 지르려던 찰나, 너구리 할아버지가 뛰어올라 판다 입을 틀어막았어요. 캥거루는 안절부절못하며 전화기를 들고 밖으로 나갔어요. 판다가 따라 나가려고 하자, 너구리 할아버지가 지팡이로 판다 다리를 걸었지요. 그 바람에 판다는 앞으로 꽈당 넘어지고 말았어요.

"아, 네. …… 지금 판다님은 이사 잘하고 있어요. …… 네? 그랬군요. …… 네. 그렇게 전할게요."

캥거루는 전화를 끊자마자 어디론가 다시 전화를 했어

요. 한참 전화하던 캥거루가 사무실로 들어서며 주먹을 불끈 쥐었어요.

"지금 원숭이가 다시 집으로 온대요. 뭘 두고 갔다며 가지러 온다고요."

"오기만 해 봐라. 가만두나."

판다가 눈을 부릅떴어요. 그러다 고개를 갸우뚱했지요.

"내가 이사 올 때 보니까, 원숭이 물건은 아무것도 없던데 뭘 두고 간 거죠?"

판다가 머리를 벅벅 긁었어요.

"할아버지는 일단 다른 곳에 잠깐 가 계세요. 우린 지금 집으로 가 볼게요."

"무슨 소리 하는 거요? 내 집을 가지고 장난친 놈을 내가 잡아야지!"

너구리 할아버지가 발끈했어요.

"할아버지를 보면 도망칠 테니까, 안 보이는 곳에 계세요. 원숭이를 안심시켜야 해요."

캥거루가 다급하게 말하며 판다를 재촉했어요.

"절대로 흥분하면 안 돼요. 제가 알아서 정리할 테니 원숭이가 오면 모르는 척하고 최대한 시간을 끌어 주세요. 아셨죠?"

캥거루가 판다에게 거듭 당부했어요.

"멱살부터 잡을 거예요. 내가 왜 아는 척을 하면 안 돼요? 체격만 봐도 나한테 깜냥이 안 되는 녀석인데요."

판다가 큰소리를 탕탕 쳤지요.

"그러다 원숭이가 먼저 눈치채고 달아나면 어떡하려고요?"

"음, 그건 그러네요. 알겠어요."

판다는 마지못해 고개를 끄덕였지요.

너구리 할아버지는 캥거루 사무실 옆 편의점으로 갔어요. 캥거루와 판다는 서둘러 후박나무 집으로 갔고요.

캥거루가 어디론지 다급하게 다시 전화를 했어요. 판다는 가슴이 쿵쾅쿵쾅 뛰는 바람에 숨이 막힐 것 같았지요.

잠시 후, 원숭이가 활짝 열린 현관문으로 들어섰어요. 아무런 기척도 없이요.

"제가 살던 때보다 집이 훨씬 넓어 보이네요."

원숭이는 마치 친한 친구 집에 온 것처럼 집을 헤집고 다녔어요. 판다는 덜덜 떨리는 입꼬리를 억지로 밀어 올렸지

요. 말을 하면 성난 목소리가 새어 나갈까 봐 꾹 참고 참으면서요.
"제가 좀 덜렁이랍니다. 중요한 물건을 깜빡했지 뭐예요."

원숭이가 호들갑을 떨며 거실 구석으로 걸어갔어요. 캥거루가 판다에게 눈을 찡긋하며 말했어요.

"이사 온 집에 첫 번째로 온 손님은 그냥 보내는 게 아니랍니다. 음료수라도 한잔 드리세요. 그래야 잘 산대요."

캥거루는 얼굴 가득 웃음을 띠었지만 눈길은 초조한 듯 자꾸 밖을 내다보았어요.

"그런 말도 있군요. 그렇다면 절대로 그냥 보내 드릴 수가 없지요."

판다가 허둥대며 냉장고를 열었어요.

"고맙지만, 바빠서 음료수를 마실 시간이 없어요."

원숭이가 손사래를 쳤어요.

"그래도 그냥 가시면 제가 섭섭하죠."

판다는 주스를 꺼냈어요.

"귀한 손님이니까, 컵에 따라 드릴게요."

판다가 컵에 주스를 천천히 따랐어요.

"컵 필요 없어요. 그냥 주세요."

원숭이는 주스병을 확 낚아챘어요. 그 바람에 주스가 원숭이에게 튀었지요. 원숭이는 닦아 주려는 판다 손을 뿌리치며 주스를 마셨어요. 벌컥벌컥. 숨도 한 번 안 쉬고요. 마지막 한 모금을 삼킬 때였어요.

"꼼짝 마!"

경찰이 들이닥쳤지요.

원숭이는 들고 있던 주스병을 경찰에게 휙 집어 던지고는 뒷문을 향해 달아났어요. 하지만 뒷문을 지키고 있던 캥거루에게 꼼짝없이 잡히고 말았지요.

"너희들, 내가 누군지 알아? 내가 가만두나 봐라."

원숭이는 밧줄에 꽁꽁 묶이면서도 큰소리를 쳤어요.

어느새 달려온 너구리 할아버지가 지팡이를 치켜들고 원숭이를 쫓아갔어요. 원숭이는 끌려가며 지팡이를 피하느라 정신없어 보였어요.

캥거루는 털썩 주저앉으며 가슴을 쓸어내렸어요. 온몸이 땀범벅이었지요. 그 사이, 거실 한쪽 구석을 뜯어낸 판다가 노란 돈다발을 흔들고 있지 뭐예요.

며칠 뒤, 판다가 캥거루를 찾아왔어요.

"마음고생 많으셨죠?"

판다의 말에 캥거루는 끔찍했던 그날을 떠올리며 몸을 부르르 떨었어요.

"모든 게 제 책임이에요. 제가 원칙대로 일을 했어야 했는데……. 정말 죄송합니다. 저도 이런 실수는 처음이에요. 어쩌다 그렇게 어처구니없는 실수를 했는지……."

캥거루는 말을 잇지 못하고 판다에게 깊이 머리를 숙였어요.

"저도 잘못이죠. 아무리 급해도 신분증을 확인했어야 했는데……."

판다는 목이 마른 듯 차를 한 모금 마시고는 계속 말을 이었어요.

"이번 일을 겪으면서 느낀 건데요, 집에 관한 기본적인 지식은 저도 알아야겠다는 생각이 들더라고요. 앞으로 집과 관련해서 결정을 해야 할 일이 많을 테니까요."

"맞아요. 집은 우리가 살아가는 데 중요하니까요."

캥거루가 고개를 끄덕였어요.

"그래서 말인데요, 이참에 저에게 집에 관한 기본 지식을 좀 알려 주시면 안 될까요?"

판다와 캥거루의 이야기는 오랫동안 이어졌지요. 밤이 이슥해서야 판다는 집으로 돌아갔어요.

그 후에도 판다는 가끔 캥거루를 찾아와 차를 마시며 집에 대한 이야기를 나누었어요. 그때마다 캥거루는 수첩을 꺼내 판다와 이야기했던 내용을 정리했지요.

집주인 확인은 꼼꼼하게

집을 계약할 때 확인해야 할 것 중 가장 기본이 뭘까요? 바로 나와 계약하는 상대방이 진짜 집주인이 맞는지 확인하는 거예요. 그 이유와 방법을 함께 알아봐요.

 집을 계약할 때는 왜 집주인과 해야 하나요?

 집에 대한 계약은 주인이 집을 내주고 집에 들어올 사람이 그에 대한 대가를 지불하면서 이루어져요.

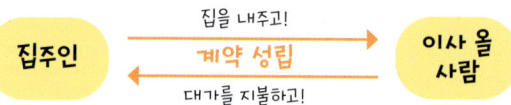

이때 돈은 누가 주더라도 큰 문제가 안 되지만, **돈을 받는 사람은 반드시 집주인이어야 해요.** 만약, 집주인인 줄 알고 돈을 주었는데 그게 엉뚱한 이라면 주인이 집을 내주지 않겠죠?

 집주인인지 아닌지 어떻게 확인하나요?

 부동산을 거래할 때는 반드시 등기부 등본과 신분증을 확인해야 해요.

앞의 이야기에서 봤듯이 원숭이가 살고 있는 집의 주인이라고 이야기했어도, 등기부에 등록된 주인이 원숭이가 아니라면 집주인이 아닌 거지요. 원숭이는 그냥 그 집에 살고 있을 뿐이에요.
해당 부동산의 **등기부에 등록된 주인과 신분증을 대조해서 본인이 맞는지 확인**하면 집주인인지 아닌지 알 수 있어요. 이때 등기부 등본은 계약금 입금 전과 잔금 입금 전에 각각 확인하도록 해요. 한 번 확인했어도 소유권이 중간에 변경될 수 있으니까요.

 거짓말을 하고 돈을 가로채려던 원숭이를 잡아서 다행이에요. 만약 원숭이를 잡지 못했다면 책임은 누가 지나요?

 공인 중개사는 서류를 확인해야 하는 책임이 있어요. 그러니 공인 중개사인 제가 책임을 져야 하겠지요. 하지만 저에게만 책임이 있는 건 아니에요.
판다님도 본인의 일이니 주의했어야 해요. 만약 판다님이 신분증을 반드시 확인한 후에 계약하겠다고 했으면 위험을 피할 수 있었겠지요.
따라서 원숭이를 잡지 못했다면 **공인 중개사인 저와 의뢰자인 판다님 모두에게 책임**이 있기 때문에 손해 본 금액의 일부는 저에게 책임을 물을 수 있어요.
다시 한번 말하지만 부동산 계약을 할 때는 반드시 원칙을 지키는 것이 아주 중요합니다.

코알라의 신혼집

캥거루가 늦은 점심을 먹고 무슨 차를 마실까 생각할 때였어요. 코알라 한 쌍이 다정하게 팔짱을 끼고 들어왔어요.

"신혼집을 찾으시나 봐요?"

캥거루는 유칼립투스차를 내놓았어요.

"어머! 역시 전문가는 다르다니까요. 우리를 보고 딱 알아보시네요."

신부가 될 코알라가 방글방글 웃었어요.

"신혼집으로 빌려 쓰실 집을 찾으세요? 아니면 집을 사실 건가요?"

캥거루가 물었어요.

"저희는 빌려 쓰고 싶어요."

신랑을 바라보는 신부 눈에는 하트가 가득했지요.

"집을 빌려 쓰는 방법에는 크게 두 가지가 있어요. 전세로 하거나 월세로 하는 거지요."

캥거루가 말했어요.

"어떤 차이가 있나요?"

신부는 하나도 놓치지 않으려는 듯 눈을 깜박였어요.

"전세는 집에 들어가면서 보증금으로 한꺼번에 큰돈을 내야 해요. 조금 부담이 되지만 나중에 다 돌려받을 수 있지요. 월세는 전세보다 보증금이 적은 편이에요. 하지만 다달이 사용료를 내야 해요."

보증금은 집을 빌려 쓰는 쪽에서 집주인에게 계약의 담보로 맡겨 두는 돈이에요.

"지금 저희가 가진 돈은 황금잎 만 장이에요. 그 돈으로 신혼집도 장만하고, 가게도 구하고 싶어요."

신랑이 조심스럽게 말했어요.

"무슨 가게를 하시려고요?"

캥거루가 호기심 어린 목소리로 물었어요.

"이 동네에서 반려 곤충 가게를 하면 잘될 것 같아요."
신랑이 벽에 걸린 동네 지도를 보며 말했어요.
"좋은 생각이에요. 요즘 반려 곤충 키우는 동물들이 많으니까요."
캥거루가 맞장구를 쳤지요.
"적은 돈으로 집과 가게를 따로 구하기 쉽지 않겠죠? 그래서 능력 있는 캥거루님을 찾아왔어요."
신랑이 기대에 찬 눈으로 말했어요.
"두 분의 경우에는 가게와 방이 같이 있는 곳을 전세나 월세로 알아보면 될 것 같아요."
캥거루가 간단하게 말했어요.
"역시! 소문대로."
신부와 신랑은 손뼉맞장구를 쳤지요.
그때였어요.
찌찌르르, 찌찌르르.
갑자기 신랑 코알라의 가방 안에서 이상한 소리가 들렸어요.
"우리 라미가 답답했나 보다."

신랑이 가방에서 그물이 쳐진 통을 열자 귀뚜라미가 폴폴 기어 나왔어요. 신랑은 귀뚜라미를 조심조심 손바닥에 올렸어요.

"어머나, 귀여워라! 한번 만져 봐도 돼요?"

캥거루가 쓰다듬자 귀뚜라미는 캥거루 앞주머니로 쏙 들어갔어요.

"라미야!"

신랑 코알라가 귀뚜라미를 불렀어요. 대답이라도 하듯 캥거루 앞주머니에서 귀뚜라미가 튀어나왔지요.

"주인 말을 잘 알아듣네요."

캥거루는 귀뚜라미가 신기했어요.

"제 동생이에요."

신랑이 자랑하듯 말했지요.

"이렇게 곤충을 사랑하니까 반려 곤충 가게를 하려고 하는군요. 참, 내가 이럴 때가 아니지! 죄송해요. 그만 귀뚜라미에 홀딱 빠져서……."

캥거루는 웃으며, 코알라 커플에게 알맞은 자료를 찾았어요. 그러고는 함께 둘러보기 위해 사무실을 나섰어요.

맨 먼저 사거리에 있는 가게로 갔어요. 가게는 번화가에 있어서 지나다니는 동물들이 엄청 많았지요.

"딱 좋아요. 여긴 우리가 시장 조사하면서 봐 두었던 곳이거든요. 캥거루님, 여기로 할게요. 보증금이 얼마예요?"

신부가 눈을 반짝였어요.

"전세로 보증금이 황금잎 오만 장이에요."

"헉! 오만 장이요?"

신랑 입이 쩍 벌어졌어요. 눈도 왕방울 만해졌고요.

"지금 우리에게 그만한 돈이 없어요. 보증금을 좀 낮추고, 월세로 하면 안 될까요?"

신부가 풀 죽은 목소리로 물었어요.

"월세로 하면 보증금이 황금잎 만 장이고, 다달이 황금잎 이백 장을 내면 돼요."

캥거루 말에 신부와 신랑의 눈이 휘둥그레졌어요.

"이백 장씩이나요?"

둘이 입을 맞추기라도 한 것처럼 동시에 소리쳤지요.

"황금잎 이백 장이면 내 월급이야! 안 되겠다. 우리 형편에 맞는 곳을 찾아보자."

신부가 고개를 세차게 저었어요.

"이왕이면 위치 좋은 곳에서 번듯하게 가게를 열어야지! 내가 열심히 할게. 자긴 지금처럼 직장이나 다녀."

"돈을 벌어서 매달 월세만 낼 거야? 그러면 우린 언제 돈을 모아?"

들떠 있는 신랑에게 신부가 눈을 흘겼어요.

둘은 한 치의 양보도 없이 티격태격했지요. 지켜보던 캥거루가 둘을 말렸어요.

"그러지 말고, 조금 부담이 적은 곳을 찾아보도록 해요."

캥거루는 사거리 뒤쪽, 골목 안에 있는 가게를 보여 줬어요. 전세금이 황금잎 만 장이었어요. 월세는 없고요. 가진 돈에 딱 맞았지요.

"여긴 지나다니는 동물이 하나도 없잖아. 가게를 열어 놓고 반려 곤충들하고 하루 종일 놀기만 하란 말이야?"

신랑 어깨가 축 늘어졌지요. 신부는 답답한 듯 한숨만 폭폭 내쉬었고요.

다시 캥거루가 둘을 데려간 곳은 큰 도로 끝에 있는 가게였어요. 가게 안쪽에 방도 하나 딸려 있었어요. 그곳은 보증금으로 황금잎 만 장을 걸고 월세로 황금잎 백 장을 내는 조건이었어요.

"마을 중심은 아니지만 반려 곤충 가게 하기에는 크기도 적당하고, 뒤에 딸린 방은 신혼집으로도 쓸 수 있을 것 같아요. 친절하다고 소문만 나면 잘될 것 같은데, 두 분 생각은 어떠세요?"

캥거루 말을 듣고도 신부는 여전히 월세가 걱정되는 모양이었어요.

"우리 여기로 하자. 내가 열심히 할게."

신랑이 자신 있게 말했어요.

"첫술에 배부를 수 없어. 아까 본 골목 안에 있는 가게에서 월세 부담 없이 마음 편하게 시작하자. 응? 우리 처음 시작은 미약하지만 나중엔 크게 발전할 거잖아."

신부가 신랑을 달랬지요.

"무슨 소리야. 뭐든 시작이 중요한 거잖아. 초라하게 시작하기는 싫어. 열심히 벌어서 월세 내면 되지. 해 보지도 않고!"

신랑도 지지 않고 말했어요.

둘은 서로 자기 생각이 옳다고 우겼어요. 캥거루는 누구 편을 들어야 할지 몰라 고개만 왔다 갔다 했지요. 신부가 말할 때는 신부를 보고, 신랑이 말할 때는 신랑을 보고…….

"캥거루님, 저희 마을 한 바퀴 돌며 생각 좀 정리해서 올게요. 데이트도 할 겸요."

신부가 신랑 팔을 끌며 말했어요.

"결정은 신중해야 하니, 두 분이서 충분히 의견 나누고 오세요."

캥거루는 둘에게 인사하고 사무실 쪽으로 걸어갔어요.

"아, 속이 너무 답답해. 우리 저기 언덕에 올라가 보자."

신부가 마을 뒤쪽에 있는 야트막한 언덕을 가리켰어요. 둘이 올라간 언덕에서는 마을이 한눈에 내려다보였지요. 크고 작은 집들이 엄청 많았어요.

"저렇게 집이 많은데, 우리 보금자리는 왜 없을까? 제대로 된 방 한 칸이라도 있으면 좋으련만. 자기가 그렇게 좋아하는 반려 곤충들과 함께할 공간도 그렇고."

신부 목소리에 힘이 하나도 없었어요.

"그러게 말이야. 집은 누구에게나 소중한데 돈으로 그 가치가 결정된다는 게 슬프긴 하네."

신랑도 입을 삐죽 내밀었지요.

찌찌르르, 찌찌르르.

맞장구를 치듯 귀뚜라미 소리가 들렸어요.

"답답했지? 우리 라미."

신랑이 가방 안에서 귀뚜라미를 꺼냈어요.

마침 산책하던 당나귀가 귀뚜라미의 울음소리를 듣고 다가왔어요.

"어쩜, 이렇게 귀여울까요? 맑은 노래 소리를 들으니까 기분이 좋아져요."

당나귀는 귀뚜라미를 만져 보고 싶은 눈치였어요. 신랑은 으쓱한 마음이 들었지요. 귀뚜라미도 그것을 아는지 더욱 크게 노래했어요.

"여기, 우리 귀염둥이도 한번 보실래요?"

당나귀가 가슴에 매달려 있는 빨간 무당벌레를 보여 주었어요.

"어쩜, 빨간색이 정말 예뻐요!"

신랑 목소리가 엄청 컸지요.

"그렇게 곤충이 좋아?"

"당연하지."

신부 말에 신랑이 큰 소리로 대답했어요.

"좋아하는 일을 열심히 하다 보면 가게도 잘 되겠지? 나중에 저 많은 집 중에 제일 좋은 집을 사자. 가게도 따로 구하고. 고민 끝!"

신부가 팔을 쭉 뻗으며 소리쳤어요.

둘은 다정하게 팔짱을 끼고 캥거루 사무실로 갔어요. '캥거루 복덕방' 간판이 보였어요. 마침 캥거루가 마중이라도 하려는 듯 문을 활짝 열어젖히고 있었지요.

얼마 후, 캥거루가 코알라 가게에 들렀어요. 신랑 코알라가 시간 날 때 들러 달라며 초대했거든요.

가게 안쪽에 있는 방은 신혼집으로 쓰고, 바깥쪽은 반려 곤충 가게로 쓰고 있었지요. 가게를 둘러보던 캥거루 눈이 휘둥그레졌어요.

가게 한쪽에 유리로 된 커다란 통이 있었는데, 통 안은 작은 들판을 옮겨 놓은 것 같았어요. 귀퉁이마다 키 작은 나무들이 군데군데 서 있고, 가운데에는 풀과 활짝 핀 꽃들이 있었지요. 그 위로 나비와 잠자리가 날아다니고, 딱정벌레는 그네를 타며 놀고 있었어요. 귀뚜라미는 노래하고, 개미는 가느다란 허리를 돌리며 춤을 추었지요.

"정말 아름다워요! 저게 뭐죠?"

입을 다물지 못하는 캥거루가 공중에 걸린 거미줄을 가리켰어요.

"레인보우 거미가 짠 거미줄이에요. 꼭 무지개 같죠?"

신랑 코알라가 자랑스레 말했어요.

"캥거루님, 좋은 곳을 소개해 줘서 감사해요. 정말 복을 담뿍 받은 것 같아요."

기분 좋게 웃는 신랑을 보며 캥거루는 뿌듯했어요.

집을 사용하는 방법은?

집은 우리에게 따뜻한 안식처지요. 우리의 보금자리가 되어 주는 집은 어떤 방법으로 사용할 수 있을까요? 그 방법이 궁금하다면 지금부터 집중하세요.

집을 사용하는 방법에는 어떤 것이 있나요?

 자신이 **소유**한 집에서 살거나 다른 이의 집을 **빌려서 사용**하는 방법이 있어요. 집을 빌려 사용하는 방법에는 전세와 월세가 있죠.

집을 직접 소유하려면 어떻게 해야 하나요?

돈을 주고 지어져 있는 집을 사거나, 직접 집을 짓는 방법이 있어요. 또 주택 청약 종합 저축에 가입해서 집을 분양받는 방법이 있어요.
주택 청약 종합 저축이란 주택 마련을 위한 저축으로, 보통 아파트를 분양받을 때 사용해요.

전세와 월세에 대해 자세히 알려 주세요.

전세는 집주인에게 일정한 금액을 맡기고 일정 기간 집을 빌려 쓰는 방법이에요. 처음에 큰돈이 들어가서 부담이 되지만, 사용하는 기간에는 다른 비용이 발생하지 않아요. 또, 계약 기간이 끝나서 집을 돌려줄 때는 맡긴 돈의 전부를 돌려받을 수 있어요.

월세는 집주인에게 다달이 일정한 돈을 내고 집을 빌려 쓰는 방법이에요. 처음에 큰돈이 들지 않는다는 장점이 있어요.
코알라의 신혼집은 보증부 월세예요. 보증부 월세는 보증금을 걸고 월세를 내는 제도예요. 월세 보증금은 정해진 월세를 꼬박꼬박 지불했다면 전세 보증금처럼 집을 돌려줄 때 다시 돌려받을 수 있어요.

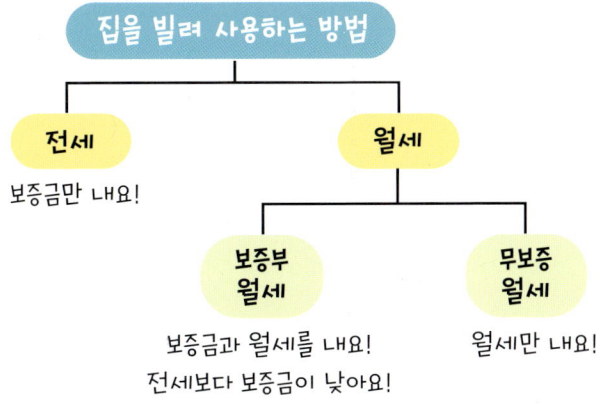

너도나도 강마을로

출근해서 문을 열자마자 흰여우가 캥거루 사무실로 들어왔어요.

"어서 오세요. '캥거루 복덕방'입니다."

캥거루가 반기며 석류차를 권했어요.

"이 동네가 그렇게 살기 좋다면서요."

흰여우가 캥거루 가까이 얼굴을 갖다 댔지요. 은근한 목소리로 말하면서요.

"소문 듣고 오셨군요."

캥거루 말이 끝나기도 전에 전화벨이 연달아 울렸어요.

　여우는 캥거루가 상담하는 내용을 귀담아들었어요. 하나도 놓치지 않으려고 메모하면서요.

　몇 년 전까지만 해도 캥거루 사무실이 있는 강마을은 작은 마을이었어요. 집들이 띄엄띄엄 있어 조용하고, 이웃이라고 해야 몇몇 너구리들이 전부였어요.
　어느 해 여름, 한바탕 폭풍우가 몰아쳤어요. 온종일 방송에서는 폭풍우에 관한 뉴스뿐이었어요. 하늘이 뚫린 것처럼 쏟아진 비 때문에 강물이 흘러넘치고 마을들은 물에 잠겼지요.

하지만 강마을에 사는 동물들에게는 강 건너 물 구경일 뿐이었어요. 강마을은 강보다 훨씬 높았거든요. 이제까지 마을이 물에 잠긴 적은 한 번도 없었어요.

폭풍우가 지나간 뒤, 가을, 겨울이 지나고 봄이 왔어요. 어쩐 일인지 강마을 주변에 아름다운 꽃들이 피어나기 시작했어요. 흐르는 강물과 함께 어우러져 핀 꽃들은 참 보기 좋았지요.

강마을은 마을 앞으로 큰 강이 흐르고 있어 물을 구하기도 쉽고, 그 위로 넓은 다리가 있어 교통도 편했어요. 강마을이 살기 좋다는 소문은 빠르게 퍼져 나갔어요. 너도나도 강마을로 몰려들기 시작했지요.

동물들이 몰리자 마을에 상점들이 들어섰어요. 대형 마트도 생겼지요. 학교도 새로 지어졌고요. 비어 있던 들판에 집들이 빼곡하게 들어섰어요. 그래도 새로 이사 오려는 동물들을 감당하기엔 집이 턱없이 부족했지요. 그 바람에 캥거루 사무실은 갑자기 바빠졌고요.

한참 전화를 받던 캥거루가 전화기를 내려놓았어요.

"죄송해요. 많이 기다리셨죠?"

"소문대로 정말 바쁘시군요."

흰여우는 마음이 급해졌어요. 집값이 더 많이 오를 것 같았거든요. 다른 동물들보다 먼저 집을 사야 할 것 같았지요.

"빨리 좋은 집 소개해 주세요."

캥거루는 자료를 정리해서 흰여우와 함께 팔려고 내놓은 집을 보러 갔어요.

"이 집은 다리가 가까워서 강을 건너거나, 도로를 이용하기 좋은 곳이지요."

"이 집은 마트와 학교가 가까워서 인기가 좋답니다."

"이 집은 거실에서 강이 보이는 아름다운 곳이에요."

캥거루는 가는 집마다 자세하게 설명해 주었어요. 흰여우는 강이 훤히 내려다보이는 집이 마음에 쏙 들었지요. 잔잔하게 흐르는 강을 바라보고 있으니 마음이 편안했거든요.

"이 집으로 할게요."

흰여우는 집주인 너구리와 계약했어요. 곧바로 이사했

지요. 친구들이 새로 이사한 집에 놀러 왔어요.

"어쩜, 강 좀 봐. 반짝이는 윤슬이 너무 예쁘다."

친구들은 넋을 놓고 바깥 풍경을 내다봤어요. 몹시 부러워했지요.

'나도 여기로 이사 오고 싶다.'

친구들은 저마다 속으로 같은 생각을 했어요. 깊은골마을에 사는 노란여우도 마찬가지였어요. 깊은골마을은 강물이 넘쳐서 고생하는 일은 없지만, 강이 너무 멀어서 물을 구하기가 힘들거든요.

며칠 뒤, 눈치 빠른 흰여우는 집을 하나 더 샀어요. 그러고는 이사하려고 집을 알아보고 있던 사슴에게 빨리 오라고 전화했어요. 사슴이 급하게 강마을로 집을 구하러 왔어요.

캥거루는 사슴에게 도로가 가까워서 다니기 편리한 집을 보여 줬지요. 집값을 물어보던 사슴은 풀 죽은 얼굴로 고개를 저었어요.

캥거루는 다시 마트가 가까운 집을 보여 줬어요. 사슴은 이렇다 저렇다 말없이 눈알만 굴렸어요.

캥거루는 설명하느라 목이 따갑고 다리도 아팠어요. 사슴도 지쳐 보였지요.

"빨리 계약하시면 좋겠어요. 요즘은 팔려고 내놓은 집보다 사려는 동물이 더 많아서 집이 금방금방 팔린답니다. 가격도 하루가 다르게 오르고 있고요."

캥거루가 안타깝다는 듯 말했어요.

"너 왜 그러니? 우리 집에 가서 차 한잔 마시며 다시 생각해 보자."

흰여우가 사슴을 끌었어요. 사슴이 망설이는 이유를 알아봐야겠다고 생각했거든요.

"뭐가 문제야?"

"집은 마음에 드는데, 돈이 좀 모자라."

사슴 목소리에 걱정이 가득했어요.

"난 또……. 모자라는 건 은행에서 빌리면 되지. 이자가 중요한 게 아니야. 집값 오르는 것에 비하면 그까짓 은행 이자쯤이야."

흰여우가 별걱정을 다 한다는 듯이 웃었지요.

"난 빚지는 건 싫어."

"내 말 안 들으면 후회할걸. 우리 같은 동네 살자. 응?"

흰여우는 윽박지르다 말고 사슴을 달랬어요. 사슴이 생각해도 흰여우 말이 맞는 것 같았어요.

"네 말대로 해 보자. 내는 이자보다 오른 집값이 더 많으면 그게 남는 거지. 친구 따라 강마을도 가고. 일석이조네."

사슴의 말에 흰여우는 친구 마음이 바뀔까 봐 얼른 일어났어요.

"이 친구가 마트 가까운 집을 계약하려고 해요."

흰여우가 캥거루 사무실 문을 확 열어젖혔어요.

캥거루는 집주인 너구리에게 전화했어요.

"집을 계약하려는 분이 계시니 사무실로 나오세요. 신분증 꼭 가지고 오시고요."

캥거루가 상냥한 목소리로 통화를 했어요. 금세 너구리가 나타났어요.

"제가 서류를 준비할 동안 말씀 나누고 계세요."

캥거루가 등기부 등본을 확인하며 말했어요.

띠리리리리.

갑자기 너구리의 전화기가 울렸어요.

"여보세요, …… 네? 지금 집을 계약하려고 하는데 …… 네? …… 그래요? …… 금액을 더 얹어 주겠다고요? 그래도 이쪽이 먼저 얘기했으니까 …… 물어보고 결정할게요."

전화를 끊으며 너구리가 머리를 긁적였어요.

"이걸 어쩐담. 당나귀가 집값을 더 많이 주겠다는군요. 아무래도 지금 이 가격으로는 계약이 힘들 것 같소."

"이제 와서 그렇게 말씀하시면 안 되죠!"

사슴이 펄쩍 뛰었어요.

"돈을 더 많이 준다는데, 싫어할 주인이 어디 있겠어요? 당나귀만큼 돈을 더 주고 집을 살 거요? 아니면 포기할 거요?"

너구리가 사슴을 보며 재촉했어요. 그사이 너구리의 전화기는 쉬지 않고 울렸지요.

캥거루는 머리가 어질어질했어요. 사슴도 그랬어요. 흰여우가 이런 경우가 어디 있느냐며 길길이 날뛰었지만 소용없었어요.

"요즘 이 동네에서 집값은 부르는 게 값인 거 몰라요? 살 테면 사고 말 테면 말고!"

너구리가 배짱을 부렸어요.

캥거루는 애가 탔어요. 여태껏 사슴을 위해 열심히 알아본 집이 다른 곳에서 팔린다고 생각하니 화도 났지요. 마음을 가라앉히고 사슴을 보며 말했어요.

"요즘 강마을 집값은 집주인 마음에 달렸어요. 팔려는 집보다 사려는 동물이 많으니 집값이 하루가 다르게 오르는 걸 어쩌겠어요. 조금 더 주더라도 얼른 계약합시다."

캥거루가 서둘렀어요.

"맞아, 요즘 시장이 그런 걸 어떡하겠니. 달라는 값으로 계약해."

흰여우가 사슴의 큰 눈을 보며 캥거루를 거들었어요.

사슴이 고개를 저었어요. 가진 돈은 정해져 있는데, 너무 무리해서 비싼 집을 사고 싶지 않았거든요. 은행 이자 내느라 허겁지겁 쪼들릴 생각을 하니 가슴도 답답했어요.

"지금 이 금액으로 다시는 이런 집을 못 찾을 거요. 난 분명히 먼저 기회를 줬어요. 그럼 난 이만……."

너구리는 쌩하니 사무실을 나갔어요.

"우리 냉수 한잔 마셔요."

캥거루가 벌컥벌컥 물을 마셨어요. 흰여우와 사슴은 한

숨만 폭폭 내쉬었지요.

 캥거루는 다시 둘을 데리고 집을 보러 갔어요. 작지만 깨끗한 집이었지요. 캥거루를 따라 집 안으로 들어가던 사슴이 비명을 질렀어요.

 "어이쿠!"

 하마터면 사슴의 뿔이 현관 입구에 부딪힐 뻔했거든요. 집은 다리를 제대로 뻗을 수 없을 만큼 작고 좁았어요. 문도 낮아서 들락거릴 때마다 뿔을 조심해야 했지요. 사슴은 저도 모르게 한숨을 폭 내쉬었어요. 그 모습을 지켜보던 캥거루가 살며시 말을 꺼냈어요.

"공기가 좋은 숲마을은 어떨까요?"

숲마을은 강에서 멀리 떨어져 있어요. 물을 먹으려면 한참 걸어 나와야 하고 마트도 멀어서 조금 불편해요. 하지만 숲마을에서는 지금 가진 돈으로 충분히 넓고 좋은 집을 살 수 있다고 캥거루가 길게 설명했어요.

"안 돼. 사슴아, 이 집을 꼭 사야 해! 작아서 불편해도 사 두면 틀림없이 집값이 오를 거야. 집은 재산이야. 너도 알잖아!"

흰여우가 숨도 쉬지 않고 말을 이었어요.

"집값이 오르면 돈을 버는 거야. 그래서 나중엔 팔고 더 좋은 집으로 이사 갈 수도 있어. 돈을 벌 수 있는데, 조금 불편한 게 무슨 상관이니?"

"난 너와 생각이 조금 달라. 집은 재산이기도 하지만 보금자리라고 생각해. 집을 들락거릴 때마다 뿔을 조심해야 하고 집에서 다리도 제대로 뻗을 수 없다면, 사는 동안 너무 불행할 것 같아. 돈이 중요한 건 알지만 난 몸도 마음도 편하게 살고 싶어. 캥거루님, 우리 숲마을로 가 봐요."

사슴이 길게 숨을 내쉬고는 밖으로 나갔어요.

숲마을을 향해 캥거루가 앞장서고 사슴이 뒤를 따랐어요. 흰여우는 숲마을에서 집을 보면서도 계속 투덜댔지요. 사슴은 마지막 본 집이 마음에 들었어요.

"이 집을 살게요. 제가 가진 돈하고도 맞고, 집도 마음에 쏙 들어요."

굳어 있던 사슴 얼굴이 그제야 환하게 빛났어요.

"어휴, 뻔히 돈 되는 걸 알면서도 놓치다니!"

흰여우가 사슴 옆구리를 찔렀어요.

"이 집은 마당이 넓고 햇볕도 좋아. 정말 내가 원하던 집이야."

사슴이 마당을 겅중겅중 뛰어다녔어요. 계약도 하기 전인데 마치 자기 집이라도 되는 것처럼요. 흰여우는 못마땅한 얼굴로 그 모습을 바라봤지요.

사슴이 이사하고 며칠 뒤, 흰여우가 집들이를 왔어요. 집 안이 거품처럼 일어나라며 청포도 비누랑 일이 술술 풀리라고 화장지를 들고요.

    마침 뉴스에서 강마을 집값이 하늘 높은 줄 모르고 치솟는다는 소식이 나왔어요.

요즘 화제가 되는 강마을 소식입니다.
강마을 집값이 하늘 높은 줄 모르고 치솟고 있습니다.
미처 집을 사지 못한 동물들이 땅을 치고 있습니다.
이어서 토끼 기자가 보도하겠습니다.

강마을에 나와 있습니다.
이곳 동물들의 생각을 들어 보겠습니다.

 도대체 집값이 왜 이렇게 오르는지 모르겠어요. 저도 그때 집을 샀어야 했는데…….

"이것 봐. 내 말이 맞았지? 아깝다. 너도 우리 마을에 집을 샀어야 했는데……."

흰여우가 새초롬히 눈을 흘겼어요.

"네가 아무리 그래도 난 이 집이 좋아."

사슴은 전혀 관심 없다는 듯, 새로 이사한 집 마당 꾸미기에 바빴어요.

하얀 펜스로 나지막하게 담을 두르고, 예쁜 대문을 달았어요. 여름에 피는 해바라기 모종을 화단 가득 심었고요. 가을에 따서 먹을 다래와 사과나무도 심었지요.

일을 다 마친 사슴은 나무 그늘에 놓인 의자에 앉아 기분 좋게 차를 마셨어요.

"내 집이 최고야!"

사슴이 눈을 감으며 중얼거렸어요. 흰여우는 어깨를 으쓱하며 고개를 절레절레 저었고요.

집값이 달라지는 이유와 재산에 속하는 것

크기가 같은 집이라도 위치에 따라 집값이 다르고, 같은 집이라도 때에 따라 집값이 달라져요. 왜 그럴까요? 그리고 집처럼 재산에 속하는 것에는 무엇이 있을까요?

 집값은 어떻게 결정되나요?

 집값이 결정되는 과정은 아주 복잡해요. 지금은 집값에 영향을 주는 가장 기본적인 요인 두 가지만 이야기해 볼게요.

첫째, **집의 위치**예요.
집은 덜렁 들어서 옮길 수 없어요. 그래서 위치가 아주 중요해요. 좋은 위치에 있는 집이 아무래도 가격이 비싸겠지요.
좋은 위치를 결정하는 데는 여러 조건이 있어요. 교통이 편리한지, 여러 가지 편의 시설이 주변에 있는지 등이 여기에 속하죠. 요즘은 시야가 탁 트인 강이나 바다, 숲, 공원 등이 내려다보이는 곳도 인기가 높아요.

둘째, **수요와 공급**이랍니다.
수요는 집을 사려는 쪽이고, 공급은 팔려고 내놓은 집을 말해요.
앞에서 보았던 강마을의 상황처럼 집을 사려는 동물은 많은데 팔려고 내놓은 집이 적으면, 집값은 오를 수밖에 없어요. 반대로 집을 사려는 동물은 적은데 팔려고 내놓은 집이 많다면, 집값은 떨어지겠죠.

흰여우가 집은 재산이라고 하던데, 재산에는 어떤 것들이 포함되나요?

우리가 가지고 있는 것 중 **경제적 가치가 있는 것을 재산**이라고 해요. 재산에는 동산, 준부동산, 부동산이 있어요. 각각 무엇을 뜻하는지 이야기해 줄게요.

동산은 아빠의 비상금, 엄마의 결혼반지, 생일 선물로 받은 휴대폰, 누나가 엄청 아끼는 가방 등이 속해요. 아빠가 거래하는 주식도 동산이지요. 한마디로 동산은 쉽게 옮길 수 있는 재산을 말해요.

준부동산은 자동차나 배, 비행기 등이 속해요. 준부동산은 자유롭게 움직일 수 있지만 경제적 가치가 큰 재산이지요.

부동산은 움직여 옮길 수 없는 재산을 말해요. 건물이나 나무, 토지 등이 여기에 속하죠. 우리가 살고 있는 집과 학원이 있는 상가 건물, 과수원에 심어져 있는 나무, 할머니가 농사짓고 있는 논과 밭 등이 모두 부동산이에요.

준부동산과 부동산은 반드시 등기부에 등록을 해야 해요. 동산은 가진 이가 주인이지만 준부동산과 부동산은 소유권을 등기로 확인하거든요.

쿵쿵 토끼와 귀 큰 당나귀

딩동 딩동.

깊은 잠에 빠져 있던 당나귀는 초인종 소리에 잠이 깼어요.

"누구세요?"

문을 여는 당나귀의 털은 부스스하고, 눈은 반쯤 감긴 채로 잠이 가득했지요.

"어머, 주무시고 계셨군요? 위층에 새로 이사 온 토끼 엄마예요."

토끼 엄마가 떡이 든 쟁반을 내밀었어요.

"새 이웃이 생겼군요. 환영합니다."

당나귀는 눈곱을 떼고 얼굴 털을 고르며 웃었어요.

"우리 아이들이 아직 어리답니다. 좀 시끄럽더라도 이해해 주세요."

토끼 엄마가 머리를 조아렸지요.

"뭐, 아이들이란 뛰어놀면서 크는 거니까 괜찮습니다."

당나귀가 집 안을 둘러보며 귀를 만지작거렸지요.

"어쩌지요? 집이 엉망이라서 차 한잔 대접할 수도 없고……."

"괜찮아요. 다음에 놀러 올게요."

토끼 엄마는 당나귀 뒤로 보이는 집 안 풍경을 보고 놀랐어요. 바닥에는 종이가 여기저기 너저분하게 흩어져 있었어요. 책상에는 커다란 액정 패드가 놓여 있었고요. 모니터가 두 개나 있었지요.

"집에서 일하시나 봐요."

"웹툰 작가입니다. 보시다시피 낮에 자고, 밤에 주로 작업하지요."

당나귀는 잠이 완전히 달아난 얼굴이었어요.

"멋져요. 웹툰 작가가 이웃이라니요!"

토끼 엄마가 감탄했어요.

엄마 뒤에 숨어 있던 막내 토끼가 살짝 고개를 내밀었어요. 엄마 옷자락을 잡아당기며 칭얼거렸지요.

"귀엽게 생겼구나."

당나귀가 몸을 낮춰 막내 토끼와 눈을 맞췄어요.

"엄마앙~."

막내는 낯설어서 엄마 품을 파고들었어요. 토끼 엄마는 서둘러 막내를 달래며 인사하고 돌아섰어요.

당나귀는 토끼 엄마 뒷모습에 대고 손을 흔들었어요. 엄마 품에 안긴 막내가 머리를 삐죽 내밀었다 숨었다 하며 숨바꼭질하고 있었거든요.

마침, 지나가던 캥거루가 토끼 엄마를 만났어요. 이사는 잘했느냐고 물었지요.

"집이 참 좋아요. 이웃도 멋지고요. 좋은 집을 소개해 줘서 고마워요."

"별말씀을 다 하세요. 좋은 분에게 딱 맞는 집을 찾아 주는 게 제 일인걸요."

캥거루는 환하게 웃으며 앞주머니를 뒤적였어요. 주머니

에서 초콜릿을 꺼내 막내 토끼에게 내밀었지요. 그러고는 토끼 엄마에게 어떤 가게 당근이 맛있는지, 마을 산책길은 어디가 좋은지 친절하게 알려 주었어요.

캥거루와 헤어지고 집으로 들어서던 토끼 엄마는 한숨을 푹 내쉬었어요. 조금 전까지 깨끗하던 거실이 난장판이었거든요.

"내가 못 살아. 눈 깜짝할 사이에 이게 뭐야!"

토끼 엄마가 소리 질렀어요. 토끼 형제는 이리저리 뛰어다니느라 정신없었지요. 아이들이 내지르는 소리와 토끼 엄마의 야단치는 소리가 거실 가득 울렸어요.

그 시각, 잠이 달아나 버린 당나귀는 책상에 앉았어요. 새벽까지 그리던 그림을 마저 그리려고요. 위층에서 아이들이 마구 뛰어다니는 소리가 났어요. 그러다 그 소리는 금세 웃는 소리로 바뀌었지요.

'얼마 만에 듣는 아이들 소리인지!'

당나귀 입가에 미소가 떠올랐어요.

그러나 반가움도 잠시뿐, 당나귀는 점점 머리가 아파 왔어요. 시끄러운 소리는 그칠 줄 몰랐어요. 당나귀는 머리

를 세차게 흔들며 혼잣말을 했지요.

"집중!"

당나귀는 그림 그리는 데 온 정신을 모았어요.

잠시 후, 어디선가 사각사각 벽을 갉는 소리가 들렸지요.

"이게 뭐지?"

윗집에서 나는 소리였어요. 아이들이 앞니로 장난을 하는가 보다 생각했지요. 다시 우당탕 소리가 이어졌어요.

"휴."

한숨을 내쉬던 당나귀는 산책이나 다녀와야겠다고 생각했어요.

마을을 한 바퀴 휘돌다가 토끼 엄마를 만났어요. 시장에 다녀오던 토끼 엄마는 양손에 무거운 장바구니를 들고 있었어요.

"제가 들어 드릴게요."

당나귀는 2층 토끼 집 앞까지 장바구니를 들어 주며 생각난 듯 말했어요.

"아이들이 많이 활달하더군요. 하하하."

"우리 아이들이 좀 그렇죠? 작업하는 데 방해되진 않으셨어요?"

"아무래도 집중이 잘 안되긴 하네요."

당나귀는 겸연쩍어 귀를 긁적였어요.

"조심하라고 할게요. 죄송해요."

당나귀에게 인사하고 문을 열던 토끼 엄마 입이 쩍 벌어졌어요. 한데 뭉친 아이들이 커다란 솜뭉치가 되어 거실을 굴러다니고 있었어요.

"좀 조용히 해. 놀려거든 나가서 놀고. 아래층에 사는 작가님이 작업 못 하시잖아! 이웃에게 피해 주면 안 되겠지?"

아이들은 코만 발름거리며 눈치를 봤어요.

"대답 안 해?"

토끼 엄마가 꽥 소리 질렀어요.

"네!"

아이들은 마지못해 대답했지요.

아이들 소리는 며칠이 지나도 계속되었어요. 당나귀가 졸린 눈으로 찾아가 하소연했어요.

"정말 죄송해요."

토끼 엄마는 죄인처럼 머리 숙였어요. 그 후 토끼 엄마는 계속 아이들을 윽박지르기도 해 보고 타일러도 봤지만 아무런 소용이 없었어요. 시간이 흐르자 날마다 똑같은 일로 당나귀에게 사과를 하고 또 하는 상황이 슬슬 짜증 났어요.

그러던 어느 휴일 아침이었어요.

"엄마!"

막내가 달려와 품에 안겼어요. 그러자 첫째와 둘째도 달려왔지요.

"뛰지 말랬지!"

토끼 엄마는 버럭 소리부터 질렀어요. 당나귀가 자고 있을 시간이었거든요.

아이들은 엄마 눈치를 보며 살금살금 걸었어요. 그것도 잠시뿐이었지요. 아이들은 늦잠 자는 아빠를 깨웠어요. 막내는 아빠 배에 올라타고 첫째는 다리를 끄집어 당기고 둘째는 등을 밀어 올렸지요. 아빠는 마지못해 눈을 비비며 일어났어요.

"아빠, 공놀이."

둘째가 공을 들고 왔어요.

"밖에 비가 오는데 어딜 나간단 말이니?"

토끼 엄마 말에 아빠가 창밖을 내다봤어요. 창밖에는 비가 부슬부슬 내리고 있었지요.

"아빠, 아빠."

아이들이 매달렸어요.

아빠가 공을 거실 한가운데로 굴렸어요. 아이들은 공을 서로 차지하려고 쫓아다녔어요. 막내가 잡은 공을 첫째가 가로채려는데 아빠가 온몸으로 막아 주었지요. 그 바람에 아빠는 바닥에 쓰러졌고요. 아이들은 이때다 하고 아빠 등에 올라탔어요. 차례차례.

"달려!"

아빠는 말이 되어 토끼 삼 형제를 등에 태우고 거실을 신나게 달렸어요.

그때, 갑자기 거실 바닥이 쿵쿵 울렸어요. 토끼 가족은 모두 귀를 쫑긋 세웠어요.

쿵! 쿵! 쿵!

"아랫집에서 공사를 하나 보다, 그렇지?"

아빠와 아이들은 다시 뒤엉켜 거실을 굴러다녔어요.

쿵! 쿵! 쿵! 쿵!

집이 흔들렸어요. 아빠가 놀라 귀를 바닥에 갖다 댔어요. 아이들도 바닥에 귀를 딱 붙였지요. 토끼 엄마도 무슨 일인가 하고 귀 기울였어요.

"잠 좀 잡시다!"

당나귀의 외치는 소리가 어렴풋하게 들렸어요.

"내가 못 살아! 조용히 하랬지!"

토끼 엄마가 소리를 내질렀지요.

"우리 보드게임 할까?"

아빠가 작은 소리로 말했어요. 아이들은 아빠 따라 우르르 방으로 몰려갔지요.

딩동!

당나귀였어요. 눈알에는 빨갛게 핏줄이 서 있었고, 눈 밑에는 눈 그늘이 거미줄을 치고 있었어요.

"너무 시끄러워서 도저히 잠을 잘 수가 없어요."

당나귀가 애원하듯 말했어요.

"사정은 알겠어요. 하지만 아이들을 꽁꽁 묶어 둘 수도 없고, 저도 너무너무 힘들어요."

토끼 엄마가 도리어 하소연을 했어요.
"말씀도 참 이상하게 하시네요. 내가 언제 아이들을 묶어 두라고 했나요?"
당나귀가 귀를 실룩거렸지요.
"나도 할 만큼은 했다고요! 살아있는 아이들을 죽은 듯이 있으라고 할 수는 없잖아요?"

토끼 엄마는 그동안 참았던 화가 치밀었어요.

"내가 이런 말은 안 하려고 했는데, 그렇게 귀가 커서 예민한 걸 가지고 왜 우리 아이들 탓만 해요?"

토끼 엄마는 당나귀를 밀어내며 문을 쾅 닫았어요. 당나귀는 멍하니 닫힌 문만 바라보았어요. 그 자리에 퍼져 앉아 울고 싶었지요.

다음 날도 마찬가지였어요.

우당탕.

당나귀는 머릿속에서 북이 둥둥 울리는 것 같았어요.

"잠 좀 자자. 잠 좀!"

당나귀는 긴 막대로 천장을 쳤어요. 토끼 삼 형제는 그 소리에 박자라도 맞추듯 너도나도 발을 굴렀어요.

"이러다 집 무너지는 거 아니야? 나도 더는 못 참아!"

토끼 엄마는 앞치마를 팽개치고 당나귀 집 문을 마구 두드렸어요. 당나귀는 귀를 틀어막았어요. 미칠 지경이었어요. 토끼 엄마는 문이 열릴 때까지 계속 당나귀 집 문을 두드렸지요.

당나귀가 비틀비틀 걸어 나왔어요. 머리가 어질어질하고 속도 안 좋았어요. 눈은 따가워서 뜰 수가 없었어요.

"집이 무너지면 당신이 책임질 거예요! 당신 귀가 너무 커서 예민한 걸 가지고 왜 우리 아이들만 잡느냐고요?"

토끼 엄마는 다짜고짜 쏘아붙였어요.

"아니, 자꾸 남의 멀쩡한 귀를 가지고 지금 뭐 하는 겁니까?"

당나귀도 분을 참지 못하고 콧김을 내뿜었지요.

토끼 엄마는 토끼 엄마대로, 당나귀는 당나귀대로 말을 쏟아 냈어요. 각자 자기 말만 했어요. 마침 지나가던 흰여우가 말리지 않았다면 어떤 일이 벌어졌을지 몰라요.

토끼 엄마는 흰여우를 붙들고 푸념을 늘어놓았어요.

"진짜 이상한 당나귀예요. 자기가 작가면 작가지 말이야."

"아이들을 키우다 보면 누구나 겪는 일이니 너무 신경 쓰지 마세요."

흰여우가 토끼 엄마를 다독였어요. 굳어 있던 토끼 엄마 얼굴이 조금씩 편안해졌지요.

참다못한 당나귀는 캥거루를 찾아갔어요.

"하필이면 윗집에 그런 가족을 소개해서……."

당나귀의 원망 섞인 하소연은 길었어요.

"그러셨군요……. 그동안 많이 힘들었겠어요."

캥거루가 당나귀를 위로했어요.

"제 마음을 알아주니까 마음이 조금 풀리네요. 감사해요."

당나귀는 더 많은 말을 하고 싶었지만, 캥거루 사무실에 손님이 들어오는 바람에 일어서야 했어요. 집이 가까워지자 가슴이 점점 답답해졌어요.

캥거루는 퇴근하면서 달콤한 케이크를 사 들고 당나귀를 찾아갔어요. 이웃끼리 생긴 문제에 공인 중개사가 끼어들 일은 아니지만 마음이 쓰였거든요. 힘들 때는 누구라도 위로가 필요하니까요.

둘은 따뜻한 차를 마시며 못다 한 이야기를 나눴지요. 당나귀는 말들을 쏟아 내고 캥거루는 안타까운 듯 고개를 끄덕였어요. 시간이 지날수록 당나귀 눈빛이 편안해졌어요.

"이런, 바쁘신 분을 붙잡고 제 말이 너무 길어졌군요."

당나귀가 벽에 걸린 시계를 보고 놀라 일어났어요.

캥거루를 배웅하고 막 현관문을 닫으려고 할 때였어요.

마침, 2층으로 올라가려던 토끼 아빠와 눈이 마주쳤지요. 당나귀 얼굴이 쓰디쓴 나무껍질을 씹은 것처럼 구겨졌어요.

"안녕하세요."

토끼 아빠가 인사하며 힐끔힐끔 열린 문 사이로 집 안을 들여다봤어요.

"웹툰 작가시라면서요? 전 웹툰 무척 좋아합니다. 작가님 집 구경해도 돼요?"

"네? 아, 어……, 어?"

당나귀는 집 안으로 들어서는 토끼 아빠를 말리지도 못하고 입만 벌리고 있었지요.

"우아! 〈그들만의 왕국〉을 그리는 나당 작가님이셨어요? 대박! 저, 완전 팬이에요."

토끼 아빠는 어린 막내처럼 폴짝폴짝 뛰었어요.

"화요일마다 〈그들만의 왕국〉 새 이야기를 얼마나 기다리는데요."

토끼 아빠는 흥분을 감추지 못하며 가방에서 종이와 펜을 꺼냈어요.

"사인해 주세요. 우리 이웃이 나당 작가님이라니! 팬클럽에 자랑해야지!"

억지로 펜을 받아 든 당나귀 귀가 빨갛게 물들었어요. 토끼 아빠는 집 안을 둘러보며 책꽂이에 꽂힌 온갖 만화책을 꺼내어 봤어요.

그때였어요. 천장에서 우당탕하는 소리가 들렸어요. 토끼 아빠 귀가 쫑긋쫑긋 춤을 추었지요.

"저 녀석들이!"

토끼 아빠는 당나귀 눈치를 살폈어요. 당나귀는 아무 말도 하지 않고 사인만 하고 있었지요.

토끼 아빠는 사인을 받아 들고 후다닥 집으로 갔어요. 인사는 하는 둥 마는 둥 하면서요. 아이들은 아빠를 보자마자 공놀이하자고 야단이었어요.

"공놀이는 밖에서 해야지!"

토끼 아빠가 눈을 부릅떴어요.

"당신이 웬일이에요?"

토끼 엄마 눈이 동그래졌지요.

"너희들 앞으로 집 안에서 놀 때 조심해야 해. 조금 전에 아랫집에서 들어 보니까 우리 집 소리가 너무 시끄럽더라.

알았지?"

 토끼 아빠는 서둘러 거실 바닥에 두꺼운 매트를 깔았어요. 그러고도 마음이 놓이지 않았는지, 인터넷으로 층간 소음 방지용 실내화를 주문했지요. 갑자기 왜 그러냐며 토끼 엄마가 잔소리했지만 못 들은 척했어요.

 저녁 내내 위층이 조용했어요. 당나귀는 더없이 반갑고 고마웠지요. 당나귀는 음악을 잔잔하게 틀고 그림 그리기에 빠져들었어요.

슬기로운 이웃 생활

당나귀와 토끼네처럼 공동 주택에서 층간 소음 문제로 이웃들 간에 다툼이 벌어지는 일이 점점 잦아지고 있어요. 슬기롭게 문제를 해결하는 방법을 함께 생각해 봐요.

 당나귀와 토끼네가 계속 잘 지내는지 궁금해요.

며칠 전 당나귀가 왔었어요. 마침 지나가다 들렀다면서 토끼 엄마와 막내 토끼도 들어오는 거예요. 처음에는 어색했지만 귀여운 막내 토끼가 당나귀에게 분홍 코를 실룩거리며 말했어요.

 아저씨, 저는 신나는 생각이 나면 저절로 발이 움직여요. 아무 생각 없이 깡충깡충 뛰게 되죠.

하지만 얘야, 너희 집 바닥이 우리 집 천장이라는 걸 알아주면 좋겠구나.

 형들이랑 솜처럼 모두 뭉쳐 뒹굴면 정말 재미있어요.

하지만 아래층에 사는 나는 소음 때문에 힘들단다. 우리 함께 행복하면 좋을텐데……

내가 몇 가지 물어볼 테니 네 의견을 말해 볼래?

네, 좋아요!

의자를 끌 때 나는 날카로운 소리는 아래층에서 크게 울릴 수 있단다. 이럴 때는 어떻게 하면 좋을까?

음……. 의자 다리 밑에 소음 방지용 패드를 붙여요. 그리고 가능하면 의자를 끌지 않고 들어서 옮겨요.

반려 곤충이 노래하거나 우는 소리가 계속되면 너무 힘들단다. 이럴 때는?

제가 사랑하는 반려 곤충 소리가 누군가에게 거슬릴 수 있다는 생각을 못 했어요. 교육도 하고 다른 방법도 있는지 더 찾아볼게요.

그러면서 막내 토끼가 주머니에서 예쁘게 접은 종이를 꺼냈어요.

> 내일 오후 3시에서 6시까지 큰형 생일잔치가 있어요.
> 시끄럽더라도 이해해 주세요.
> - 위층 막내 토끼 올림 -

내내 굳어 있던 당나귀가 종이에 적힌 글을 보더니 미소를 지었어요. 그러고는 멋쩍은 듯 귀를 만지작거리며 다정한 눈으로 막내 토끼를 바라보았지요. 그 뒤로는 두 집이 잘 지내는 것 같아요.

막내 토끼가 슬기롭게 해결했네요. 해결이 잘되서 다행이지만, 그렇지 못할 때는 어떻게 해야 하죠?

좋은 질문이에요. 층간 소음 문제로 화가 난다고 섣불리 이웃을 찾아가 항의하거나 소리를 지르면 서로 감정을 상할 수 있어요.
경비실이나 관리 사무소를 통해서 해결하는 것도 좋은 방법이지요. 그럴 수 없을 때는 〈층간소음 이웃사이센터〉라는 곳에 도움을 요청해서 해결할 수도 있답니다.
물론 가장 좋은 해결 방법은 이웃을 배려하는 마음을 갖고 충분한 대화를 통해 해결해 나가는 거예요.

 **그런데 층간 소음 문제까지 공인 중개사가 일일이 중재하고 신경 써야 하나요?**

물론, 이런 일이 공인 중개사 업무는 아니에요.
집은 편안한 휴식처이면서 보금자리예요. 누구나 안락한 집에서 행복하게 살 권리가 있지요. 저는 제 이웃 모두 집에서 편안하고 행복했으면 좋겠어요. 그래서 당나귀와 토끼네도 마음이 쓰였지요.
요즘 공동 주택에 사는 이웃 사이에 층간 소음이 문제가 되는 경우가 많은데 이 기회에 함께 고민해 보면 좋겠어요. 그런 의미에서 층간 소음 예방법을 정리해 보았어요.

층간 소음 예방법

층간 소음 방지 매트를 설치해요.

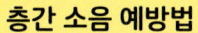
푹신한 슬리퍼를 신어요.

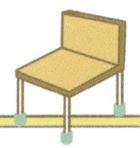
가구에는 소음 방지 패드를 붙여요.

TV 소리나 음악 소리가 너무 크지 않도록 조심해요.

늦은 밤에는 세탁기와 청소기 사용을 피해요.

이벤트가 있는 날에는 미리 양해를 구해요.

보복 소음은 안 돼요!

우리 사이 좋은 사이

오후가 되자, 사무실 전화가 조용했어요.

"이참에 미루어 둔 일을 해야겠어."

캥거루는 고객 장부를 정리했어요. 고객 장부는 사무실의 큰 재산이고 자랑이기도 하지요.

"코알라 부부는 계약 기간을 연장했고, 산양 가족이 사는 집은 기간이 다 되어 갈 텐데……."

캥거루가 혼자 중얼거리며 임대차 파일을 살필 때였어요.

임대란 돈을 받고 자기의 물건을 남에게 빌려주는 것을 말해요. 임대차는 이런 내용으로 한 계약을 말하죠.

캥거루 말을 듣기라도 한 것처럼 산양 엄마가 문을 열고 들어섰어요.

"한번 인연을 맺어서 그런지 자주 오게 되네요."

캥거루는 산양 엄마에게 망울이끼차를 내주었어요.

"우리 사무실은 편의점 같은 곳이죠. 누구나, 언제든지 환영이랍니다."

"호호! 중개사님은 말씀도 참 잘하세요."

산양 엄마가 코를 벌름거리며 웃었어요.

"여기로 이사 온 게 엊그제 같은데, 벌써 계약 기간이 다 끝나가지 뭐예요. 2년이란 시간이 눈 깜짝할 사이에 지나간 것 같아요."

"벌써 그렇게 됐군요."

캥거루가 책상으로 가서 열어 두었던 파일을 확인했어요.

"직장에서 다른 지역으로 발령이 났어요. 이번에 승진했거든요."

산양 엄마의 얼굴이 밝았어요.

"승진을 축하드려요. 그러면 이사를 가야겠네요. 집주인에게 이사 간다고 이야기했나요?"

캥거루가 물었어요.

"어떻게 해야 하는지 잘 몰라서 알아보려고 왔어요."

산양 엄마는 메모하려는 듯 수첩을 꺼냈어요.

"세입자는 계약 기간이 끝나기 전에 계속 살 건지, 아니면 이사를 갈 건지 집주인에게 말해야 해요. 집주인도……."

세입자란 돈을 내고 남의 집이나 방 등을 빌려 쓰는 이를 말해요.

말을 하다 말고 캥거루가 웃었어요.

"이런 건 '친절한 다구네' 사이트에서 검색하면 다 나온답니다."

"그건 저도 알아요. 핑계 삼아 캥거루님 얼굴도 보려고 그랬죠."

산양 엄마가 겸연쩍은 듯 뿔을 긁적였지요.

산양 엄마는 이번에 이사 가면서 집을 사야 할지, 앞으로 재산 관리를 어떻게 해야 할지 이것저것 물었어요. 궁금한 것이 많았거든요. 둘은 시간 가는 줄 모르고 이야기꽃을 피웠지요.

"어머, 벌써 아이들이 돌아올 시간이네요."

산양 엄마는 화들짝 놀라 집으로 갔어요.

며칠 후, 산양 가족이 사는 집 주인인 흰여우가 사무실로 캥거루를 찾아왔어요.

"산양 엄마가 이사 간대요. 미리 가서 집을 잘 사용했는지 살펴보려는데 같이 봐주시면 좋겠어요."

"제가 중간에 끼어들 일은 아닌 것 같아요."

"산양 가족이 이사 오기 전의 집 상태를 캥거루님이랑 같이 봤잖아요. 그래서 잘 아실 것 같기도 하고요. 부탁할게요, 네?"

흰여우가 옆에 와서 캥거루의 팔짱을 꼈어요. 마침 캥거루도 한가한 시간이라 자리에서 일어섰어요. 흰여우는 여기저기 집을 많이 가지고 있는 큰 단골이기도 하고요.

"전 뭐든 대충하는 성격인 거 아시죠? 눈 밝은 캥거루님이 꼼꼼하게 봐주세요."

흰여우 말에 캥거루가 손사래 쳤어요.

"무슨 말씀을요. 저는 그냥 동행만 해 드릴게요."

길을 걸으며 캥거루가 물었어요.

"다시 전세를 놓으실 생각이세요?"

"전세는 이제 안 할 거예요. 멀리 사는 동생이 이사 올 계획이 있어서 당분간 비워 둘지, 월세를 놓을지 아직 결정을 못 했답니다."

흰여우는 이마를 쓸어내렸어요.

어린 산양들이 마당에서 뛰놀고 있는 모습이 보였어요. 마침 산양 엄마가 베란다에서 밖을 내다보고 있었지요. 집을 방문하겠다고 연락했더니 기다리고 있었던 모양이에요. 흰여우와 캥거루는 집 안으로 들어갔어요. 문을 열자 냄새가 코를 찔렀어요.

"세상에!"

캥거루와 흰여우는 누가 먼저랄 것도 없이 외마디 비명을 질렀어요.

집 안은 그야말로 난장판이었어요. 바닥은 여기저기 긁혀서 울퉁불퉁했지요. 벽은 온통 낙서투성이였고요. 집에 온전한 곳이라고는 없었어요. 흰여우 얼굴이 붉으락푸르락했어요.

"나, 남의 집을 어떻게! 이게 뭐 하는 거예요?"

"남의 집이라니! 그게 무슨 말씀이세요?"

산양 엄마는 영문을 몰라 눈만 끔벅였어요.

"길게 말하고 싶지도 않네요. 캥거루님, 우리 계약서에 원상회복 의무에 대해 적혀 있죠? 그것에 대해 이야기해 주세요."

흰여우는 말도 하기 싫다는 듯 캥거루를 봤어요.

"원상회복이요? 그게 우리랑 무슨 상관이에요?"

산양 엄마가 발끈했어요.

캥거루가 둘 사이를 갈라놓으며 말렸어요.

"자자, 두 분 다 참으세요. 원칙대로 하면 될걸, 괜히 감정 앞세우지 마시고요."

캥거루는 집 안에 배어 있는 냄새 때문에 목이 칼칼했어요.

"원래 집을 빌렸다가 돌려줄 때는 빌렸던 때와 같은 상태로 돌려주어야 해요."

캥거루가 차근차근 설명했어요.

"아니, 빌렸을 때와 같은 상태로 돌려주다니! 상식적으로 그게 가능해요? 사는 동안 집을 모시고 살라는 말인가요? 물건을 사용하다 보면 낡고 상하는 것은 당연하잖아요? 당신은 안 늙어요? 집도 낡잖아요!"

산양 엄마는 못 참겠다는 듯 소리를 질렀지요. 뿔이 흔들리고 털이 바르르 떨렸어요.

"이를 어째! 저 주방 싱크대는 다 부숴 놨네요."

흰여우가 가리키는 싱크대의 문짝 하나는 떨어져 나가 없고, 다른 하나는 덜렁거리고 있었어요.

"그건 아이들이 장난치다가 그만……."

큰소리치던 산양 엄마의 목소리가 기어들어 갔어요.

"세상에. 현관문은 또 왜 이래요? 문이 무슨 죄가 있다고."

흰여우가 가리키는 현관문은 아래쪽이 움푹 들어가 있었지요. 누군가 발로 힘껏 걷어찬 것 같았어요.

"그건 이사 올 때부터 원래 그랬어요. 우리가 그런 게 아니라고요! 왜 자꾸 우리한테만 그래요?"

산양 엄마가 억울하다는 듯 씨근덕거렸어요.

"그럼 이사 온 날 바로 말했어야죠!"

콧김 뿜어 대는 흰여우를 캥거루가 데리고 나갔어요. 산양 엄마는 문을 꽝 닫고 앞치마를 둘렀어요. 그러고는 커다란 대야에 세제를 풀었지요. 소독제도 잔뜩 넣어서요.

쓸고 닦고 몇 날 며칠 얼마나 애썼는지 몰라요. 문도 활짝 열어서 환기했어요. 이사 간 뒤에 산양 냄새가 배어 구역질 난다는 뒷말 따위는 듣고 싶지 않았거든요.

아이들이 이빨로 긁어 댄 바닥과 문틀도 모두 수리했어요. 벽에 그려진 낙서도 깨끗하게 지웠지요. 낙서가 지워지지 않는 곳은 새로 칠했어요. 싱크대 문짝도 모두 말끔하게 고쳤고요. 처음부터 움푹 들어가 있던 현관문은 그대로 두었지요.

며칠 후, 산양 엄마 전화를 받고 흰여우가 다시 집을 보러 왔어요.

"어머나, 집이 이렇게 달라지다니!"

흰여우 눈이 휘둥그레졌지요.

"다행이네요. 전 이 집을 우리 집이라고 생각했지 잠시 빌려 쓰는 집이라고 한번도 생각해 본 적이 없답니다."

산양 엄마가 쑥스럽게 웃었어요.

"말씀하신 것처럼 이곳에서 사는 동안은 사용하는 분의 집이 맞지요."

흰여우 얼굴도 활짝 피었어요.

"모레 아침에 이사 가려고 하는데 전세금은 그날 통장으로 보내 주시면 좋겠어요."

산양 엄마가 계좌 번호가 적힌 종이를 내밀었어요.

그러자 흰여우 얼굴빛이 확 달라졌어요. 갑자기 안절부절못하며 산양 엄마의 손을 덥석 잡고 말했어요.

"아! 이를 어쩌죠? 내가 급하게 돈을 마련하다 보니 보증금 중 절반은 아직 준비하지 못했어요. 준비된 것만 먼저 드리고 나머지는 나중에 드리면 안 될까요?"

흰여우 목소리가 더없이 나긋나긋했지요.

"그게 무슨 소리예요? 돈이 준비가 다 안 된다고요?"

산양 엄마의 목소리가 찢어졌어요.

"내가 지난번에 집에 물 샐 때도 바로바로 고쳐 줬잖아요? 산양 가족이 이사 오기 전에 불편하지 않도록 집을 미리 손보기도 했고요. 보일러도 새것으로 바꾸느라 돈이 아주 많이 들었답니다."

흰여우는 다정한 눈빛으로 자랑하듯 말했지요.

"그건 당연히 집주인이 해야 할 기본이잖아요. 그걸로 생색내면 곤란하지요."

산양 엄마가 펄쩍 뛰었어요.

"지난번에 세입자 의무라며 원상회복하라고 큰소리치더

니, 집주인의 보증금 반환 의무는 모르시나 봐요? 그 돈은 제가 맡긴 돈이지, 그냥 드린 돈이 아니랍니다."

흰여우는 산양 엄마 말에 아무런 대꾸도 할 수 없었지요.

"어쩌실 거예요? 저희는 그 돈을 받아서 이사 갈 집 주인에게 바로 줘야 한다고요."

산양 엄마가 소리를 높였어요.

흰여우는 알았다고 큰소리치고 서둘러 그 자리를 빠져나왔어요. 그러고는 목이 말라서 캥거루 사무실에 들어갔어요.

"캥거루님, 글쎄 내 말 좀 들어 봐요. 보증금을 받았다고 그걸 그냥 은행에 가만히 모셔 두는 이가 누가 있어요? 이래저래 쓰는 거지."

흰여우가 투덜거렸어요.

"그래도 정해진 날짜에는 돈을 줄 수 있도록 미리 준비를 하셔야……"

캥거루 말이 끝나기도 전에 흰여우가 말을 싹둑 잘랐어요.

"나도 그 정도는 안다고요! 지금 내 손에 돈이 없는 걸 어쩌라고요. 은행에서도 더 이상 대출을 못 해 준다 하고……."

흰여우는 말을 하다 말고 어디론가 전화를 했어요.

"잘 지냈어? 나 돈 좀 빌려줘……."

흰여우가 눈치를 살피며 전화기를 들고 밖으로 나갔어요. 한참 만에 돌아온 흰여우 얼굴이 새파랗게 질려 있었어요.

"제일 친한 친구라고 믿었는데 나보고 뭐라는 줄 알아요? '너는 살고 있는 집 말고도 집이 여러 채 있으니까 집 하나를 팔면 되잖아.'라며 속 편하게 말하는 거 있죠? 돈을 못 빌려주면 그만이지, 왜 나보고 감 놔라 배 놔라 하는 거야?"

흰여우는 화가 나서 눈을 희번덕였어요.

"돈이 없으니까 이렇게 서럽네요. 글쎄 친구가 보증금은 내 돈이 아니고 잠시 맡아 둔 남의 돈이라며 잔뜩 충고를 하잖아요. 별소리를 다 듣겠네요. 정말."

흰여우는 앞에 놓인 물을 벌컥벌컥 마셨어요.

캥거루가 시원한 물을 한 잔 더 가져다주었지요. 단숨에 물을 마신 흰여우가 허둥대며 사무실을 나갔어요. 내일까지 돈을 마련해야 한다면서요.

산양 가족이 이사하는 날이 되었어요.

아침 일찍, 흰여우는 초췌한 얼굴로 집을 나섰어요. 어렵게 마련한 보증금을 들고서요.

지켜야 할 것과 요구할 수 있는 것

산양 가족처럼 집을 빌려 쓰는 쪽도 흰여우처럼 집을 빌려주는 쪽도 지켜야 할 것이 있고, 요구할 수 있는 것이 있어요. 무엇을 지키고, 요구할 수 있는지 함께 살펴봐요.

 산양 가족처럼 집을 빌려 쓸 때 지켜야 할 의무가 궁금해요.

 산양 가족처럼 집을 빌려 사용하는 쪽을 임차인이라고 해요. 임차인의 의무를 이야기해 볼게요.

첫 번째로 임차인은 빌려서 사는 집을 잘 사용하고 보존해야 하는 의무가 있어요. 이것을 **'선량한 관리자의 주의 의무'**라고 해요.

예를 들어 볼게요. 아랫집 천장에서 물이 샐 때는 윗집 바닥이 문제인 경우가 많아요. 수리하려면 윗집의 바닥 공사를 해야 하죠.

그런데 윗집이 불편하다고 공사하지 않는다면 아랫집이 피해를 입겠죠? 게다가 이런 경우 시간이 지날수록 건물 전체에 문제가 생길 수도 있어요. 바늘만 한 구멍이 나중에 둑을 무너뜨리기도 하니까요. 이럴 때 윗집에 임차인이 살고 있다면 수리할 수 있도록 배려해 줘야 해요.

두 번째로는 **'원상회복 의무'**가 있어요. 집을 빌려 쓰다가 계약이 끝나서 집을 돌려줄 때는 처음 빌렸을 때와 같은 상태로 돌려주어야 하는 의무이죠.

이번에도 예를 들어 볼게요. 산양의 둘째 아들은 그림 그리는 것을 아주 좋아해요. 그래서 시간만 나면 벽에 그림을 그려요. 사는 동안에는 아무 문제 없지만, 나중에 주인에게 집을 돌려줄 때는 낙서한 벽지를 원래 상태대로 회복해서 돌려주어야 해요.

만약 사는 동안 유리창을 깨트렸다면 그것도 원래 상태로 돌려놓아야 겠죠? 이것은 시간이 지나면서 생기는 자연스러운 현상이 아니라 사용하면서 부주의로 인한 손상이기 때문이에요.

흰여우처럼 집을 빌려줄 때 지켜야 할 의무도 자세히 알려 주세요.

네, 그러죠. 흰여우처럼 집을 빌려주는 쪽을 임대인이라고 해요. 임대인도 임차인처럼 지켜야 할 의무가 있어요.

첫 번째로 임대인은 지금 자기가 그 집에 사는 게 아니더라도 사는 이가 편하게 살 수 있도록 집을 수리하고 보존해 줘야 하는 의무가 있어요. 바로 '수선·유지 의무'이죠.

살면서 작은 비용으로 손쉽게 수리할 수 있는 경우에는 임차인이 처리하기도 해요. 하지만 기본 시설에 대한 중대한 하자는 주인에게 책임이 있으니까 이때는 집주인이 책임을 다해 처리해 줘야 해요.

두 번째로 '보증금 반환 의무'가 있어요. 무엇보다 중요한 임대인의 의무이죠. 계약이 끝났을 때 임대인은 임차인에게 보증금을 반드시 돌려주어야 해요.

임대인이 보증금을 돌려주지 않으면 어떡해요? 주고 싶어도 당장 돈이 없어서 못 줄 수도 있잖아요.

좋은 질문이에요.
그런 경우를 대비해서 **임차인은 보증 보험에 가입해 두면 좋아요.** 계약이 끝났는데 임대인이 보증금을 돌려주지 못하면 임차인이 보험 회사에 보증금을 청구해서 받을 수 있으니까요.
이때 보험 회사는 먼저 임차인에게 보증금을 주고, 나중에 임대인에게 돈을 돌려받는 절차를 밟게 되지요.

임대인과 임차인의 권리는 각각 어떻게 되나요? 서로의 의무와도 연관이 있겠죠?

임대인은 계약이 끝나면 임차인에게 집을 다시 돌려줄 것을 요구할 수 있어요. 이때 빌려주었던 집이 심하게 파손되어 있다면 임차인에게 원상회복을 요구할 수 있죠.

임차인은 계약 기간 동안 누구의 간섭도 받지 않고 그 집에서 편안하게 살 권리가 있어요. 계약 기간만큼은 자신의 집이니까요. 계약이 끝나기 전에는 임대인이 집주인이라 하더라도 함부로 임차인을 내보낼 수 없어요. 동시에 임차인은 계약한 기간 동안 살아야 할 의무도 있답니다. 정해진 계약 기간이 확실해야 임대인은 거기에 맞춰 임차인에게 보증금을 돌려줄 준비를 할 테니까요.

이처럼 권리와 의무는 오른쪽, 왼쪽 신발처럼 항상 같이 다닌답니다. 다음 흰여우와 산양 엄마의 대화를 보면 임대인과 임차인은 결국 서로 돕고 협력하는 관계라는 걸 알 수 있을 거예요.

산양 엄마, 잘 지냈어요?
무슨 일로 전화하셨어요?

아랫집 천장에서 물이 떨어진다고 하네요.
우리 집 어딘가에서 물이 새나 봐요.

저런, 아랫집이 많이 불편하겠어요.
빨리 수리해야겠군요.

비용은 어떻게 하죠?

그렇게 큰 하자는 당연히 제가 비용을 부담해야죠.
바닥을 수리하는 동안 산양 엄마도 힘드시겠어요.

그래도 어쩌겠어요.
저도 윗집에서 물이 새면 많이 불편할 거예요.

이해해 주셔서 고마워요, 산양 엄마.

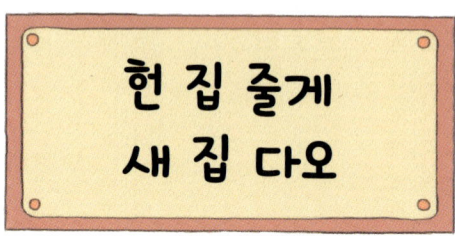

헌 집 줄게 새 집 다오

"어디를 어떻게 손을 봐야 할지, 쩝."

깊은골마을에 사는 오소리는 지붕을 고치다 말고 중얼거렸어요.

마침 노란여우가 좁은 골목길로 들어섰어요. 어깨가 축 처진 채로요. 오소리가 지붕에서 내려오며 노란여우에게 물었어요.

"무슨 고민 있어요?"

"골목이 좁아서 마을 입구에 차를 주차하고 걸어오는 길이에요."

노란여우는 골목을 둘러보며 얼굴을 찌푸렸지요.

"그게 어디 하루 이틀 일인가요?"

오소리가 새삼스럽다는 듯 말했지요.

"골목길을 걸어오면서 전에 놀러 갔던 친구 집이 자꾸 생각나는 거 있죠? 강마을에 사는 그 친구는 집도 멋지고, 바로 집 앞에 주차도 할 수 있더라고요. 나도 그런 집에서 한번 살아봤으면……."

노란여우가 한숨을 폭 내쉬었지요. 그러고는 생각난 듯 오소리에게 물었어요.

"위험하게 지붕엔 왜 올라가신 거예요?"

"우리 집은 우리 아버지의 아버지의 아버지 때부터 살던 집이라서 아주 오래됐어요. 집이 너무 낡아 그런지 천장에서 자꾸 물이 새네요. 마음 같아서는 이 집을 헐고 새로 짓고 싶은데……."

오소리는 금방이라도 허물어질 것 같은 담벼락에 눈길을 주었어요.

"새로 지으면 되잖아요?"

노란여우가 멀뚱한 눈으로 물었어요.

107

"우리 마을은 길이 좁고, 오래된 집들이 다닥다닥 붙어 있잖아요. 우리 집 다시 짓다가 다른 집이 무너질까 봐 걱정돼요. 그래서 계속 수리만 하고 있어요."

"맞아요. 길을 넓혀야 저도 집 앞에 주차도 할 수 있을 텐데요."

노란여우가 맞장구쳤어요.

오소리와 노란여우의 불만은 계속되었어요.

"우리 마을 가까이에는 병원도 없어요."

"맞아요. 도토리묵 한 모 사려고 해도 마을 입구까지 가야 해요."

"학교는 또 어떻고요. 아이들이 멀리 숲마을에 있는 학교까지 걸어 다니는 걸 보면 마음 아파요."

"생각해 보니 우리 깊은골마을은 도저히 살 곳이 못 되는군요."

노란여우 말에 오소리가 손사래 쳤어요.

"그 말은 좀 지나치네요. 우리 마을은 공기 좋고, 집값 싸고, 이웃끼리 얼마나 사이가 좋은데요."

"하하, 말을 하고 보니 내가 좀 심했어요."

노란여우가 어색한 웃음을 짓다 말고 산 위에서 내려오는 캥거루를 반겼어요.

"어머, 캥거루님. 여긴 어쩐 일이세요?"

"산꼭대기마을에 집을 찾는 손님이 있어서요."

웃는 캥거루 눈이 반달이 됐어요.

"산꼭대기에도 마을이 있군요?"

노란여우 눈이 보름달처럼 동그래졌어요.

"당연하죠. 강마을, 숲마을, 여기 깊은골마을 말고도 동물들이 사는 마을이 많답니다. 그런데 두 분은 무슨 이야기를 그렇게 사이좋게 하고 계세요?"

캥거루 물음에 오소리와 노란여우는 조금 전 나눈 이야기를 들려주었지요.

"헌 집 주고 새 집 만들 수 있는 방법이 있긴 해요."

캥거루 말에 오소리와 노란여우는 귀가 솔깃했어요.

"그게 정말이에요?"

"깊은골마을 동물들이 다 같이 뜻을 모아서 재개발을 하는 거죠. 쉽진 않을 거예요. 몇몇의 힘만으로 되는 일은 아니거든요. 집집마다 돈을 더 내야 하기도 하고요."

"헌 집을 새 집으로 만드는데, 돈이 드는 건 당연하죠."

오소리와 노란여우 눈이 반짝반짝 빛났어요.

"쇠뿔도 단김에 빼라고 하잖아요. 갑시다!"

흥분한 노란여우가 오소리를 잡아끌었어요. 둘은 한달음에 마을 회장인 다람쥐를 찾아갔어요.

"오호, 그런 방법이! 저도 집수리를 할까 말까 고민하던 참인데, 정말 잘됐네요."

다람쥐가 손뼉 치며 좋아했어요.

재개발 소문을 들은 깊은골마을의 동물들은 술렁이기 시작했어요.

"우리 마을에 도로가 새로 뚫린단 말이야? 새 집도 생기고?"

"당장 강마을처럼 살기 좋은 마을로 만듭시다!"

곧바로 마을 회의가 열렸어요. 깊은골마을 동물들이 절반 넘게 모였지요. 벌써 새 집이 완성되기라도 한 것처럼 들떴어요. 마주 보는 눈은 빛났고 얼굴에는 웃음이 가득했어요.

"공사하는 동안 어디 가서 살아요?"

오소리가 물었어요.

"그건 각자 알아서 해야죠."

"우리 마을 전부를 한꺼번에 공사하는 건 힘드니까, 마을을 반으로 나누어서 순서 정하면 어떨까요?"

"누구 집은 먼저 하고 누구 집은 나중에 하고. 그러면 순서를 어떻게 정할 건데요?"

"우리 집 먼저!"

"무슨 말씀을 하세요? 당연히 내 집 먼저 해야죠!"

동물들은 저마다 생각이 달랐어요.

그때 너구리가 소문을 듣고 왔어요. 좀처럼 외출을 하지 않는 너구리인데, 마을의 환경을 바꾼다는 말에 걱정이 되었거든요.

"여러분도 아는 것처럼 우리 집은 지어진 지 백 년이 넘었어요. 그래서 문화재 등록을 하려고 준비하는 중이에요. 절대로 허물 수 없어요!"

너무나도 단호한 너구리 말에 모두 눈만 끔벅였지요.

"오백 년이 넘은 당산나무도 보존해야 할 것 같은데……."

다람쥐가 고개를 갸웃했어요. 오소리는 맞장구치듯 고개를 끄덕였지요.

"소중하다고 이것저것 다 보호하고 자연환경 생각하다 보면 재개발할 수 있는 면적이 작아지잖아요. 나는 집을 넓게 짓는 게 중요하다고 생각해요. 그렇지 않나요?"

노란여우가 동의를 구하며 목소리 높였어요.

"우리 마을에 문화재가 될 만한 건물이 있다는 건 자랑할 만한 일이에요. 오백 년이 넘은 당산나무도 보존하면서 편의성을 높이는 방향으로 설계를 잘하면 되죠."

생각을 정리한 다람쥐가 차분하게 말했어요.

마을 회관은 계속되는 회의로 한밤중에도 불이 환했지요. 회의는 며칠 동안 계속되었어요.

드디어 마을 회관 앞에 현수막이 내걸렸어요.

깊은골마을 재개발 추진 위원회 구성
깊은골마을이 새롭게 태어납니다.

- 재개발 사업 추진 위원장: 다람쥐 -

깊은골마을은 골목마다 활기가 넘쳤어요. 둘 이상 모이기만 하면 새 집에 대한 이야기로 꽃을 피웠지요.

어느 날, 기린이 마을 회관을 찾아왔어요.

"다람쥐 회장님, 저는 천장 높은 집이 필요해요."

"천장 높은 집을 가지려면 돈을 더 많이 내야 해요."

다람쥐가 찬찬히 서류를 살피더니 대답했어요.

"지금 살고 있는 집 말고 달리 가진 돈이 없는걸요."

기린이 고개를 저었어요.

"그럼, **보상금**을 받고 다른 곳으로 이사 가야겠네요."

살던 곳이 재개발 지역으로 확정되면 재개발이 끝나고 입주하는 대신 **보상금**을 받을 수 있어요.

다람쥐가 펜으로 책상을 톡톡 치며 말했지요.

"저는 우리 마을이 살기 좋은 동네가 되는 것도, 새 집도 다 필요 없어요. 보상금 받은 돈으로는 갈 곳도 마땅하게 없고요. 마치 쫓겨 가듯 이사하긴 싫어요."

기린이 힘주어 말했어요.

"누가 쫓아낸다고 그래요? 마을 회의에서 모두 찬성한 일을, 이제 와서 그러면 어쩌라고요."

다람쥐가 어이없다는 듯 눈을 끔벅였어요.

"모두가 찬성했다고요? 천만에요. 전 처음부터 분명히 반대했다고요!"

기린이 책상을 탕 쳤어요.

"코끼리도 그러더니 정말 피곤하군요. 전 더 이상 할 말 없어요. 그만 나가 주세요."

다람쥐가 기린을 문밖으로 밀어냈어요.

화가 목 끝까지 난 기린은 코끼리가 운영하는 '코리 물 편의점'을 찾아갔어요.

코끼리는 멀리 떨어져 있는 강에서 물을 길어다 팔아요. 깊은골마을은 강에서 멀리 떨어져 있어서 물이 귀하거든요. 코끼리는 긴 코로 물을 잔뜩 빨아들인 뒤 물통 여러 곳에 옮겨 담아서, 커다란 덩치와 튼튼한 다리로 깊은골마을까지 실어 오지요. 시원하고 맛있는 물을 사려는 동물들로 '코리 물 편의점'은 항상 붐볐어요.

코끼리는 가게로 찾아온 기린이 반가웠어요. 마을을 재개발하면 가게를 못 하게 될까 봐 걱정이 많았거든요. 보상금 받더라도 다른 곳에 가서 새로 일을 시작하기가 쉽지 않고, 새로 지은 건물에서 가게를 하려고 해도 가겟세가 너무 비싸져서 운영하기 어려울 게 분명하니까요.

"우리 힘을 모아 싸워 봅시다!"

코끼리가 코를 번쩍 들었어요.

기린과 코끼리는 뜻을 같이할 동물을 찾아다녔어요. 마을 한복판에 사는 족제비도 함께하겠다고 나섰지요. 얼마

전 아기를 데리고 이사 온 코알라 부부도 힘을 보탰고요.

며칠 뒤, 마을 회관 앞에 또 다른 현수막이 걸렸어요.

깊은골마을 재개발 결사 반대!
지금까지 잘 살았다. 재개발이 웬 말이냐!
– 재개발 결사 반대 위원회 –

그 뒤로 마을 회관 앞은 하루가 멀다 하고 시끄러웠어요. 마을 동물들이 두 편으로 나뉘어 자기네 주장이 옳다고 외쳤거든요.

"이대로는 못 살겠다. 재개발만이 살길이다!"

다람쥐와 노란여우, 오소리가 앞장서서 외쳤어요.

"이제까지 잘 살았다. 살기 싫은 이가 떠나라!"

이에 질세라 코끼리가 꽹과리를 치며 소리쳤어요.

기린의 목에 달린 '절대 반대' 현수막이 바람에 펄럭였지요. 족제비도 팻말을 들고 함께했어요.

화가 난 노란여우가 족제비에게 따졌어요.

"족제비님은 돈도 많잖아요. 새 집 분양받아서 들어가면 좋을 텐데, 왜 반대하는 거예요?"

"보상금을 내가 원하는 만큼 주세요. 그러면 찬성하지요. 내 요구를 들어주기 전에는 우리 집은 절대 건드릴 수 없으니, 그리 아세요!"

족제비가 꽥 소리 질렀지요.

다람쥐는 기가 막혀 펄쩍펄쩍 뛰었어요.

"아니, 자기 집값의 열 배나 되는 돈을 내놓으라는 게 말이 된다고 생각해요?"

"어쨌든 내 요구를 들어주기 전엔 절대 안 돼요. 어디, 누가 이기나 두고 봅시다!"

족제비는 위아래로 눈을 부라리고는 쌩하니 가 버렸어요.

다람쥐는 머리가 지끈지끈 아팠어요.

"새 집이고 헌 집이고 다 귀찮네요."

"세상에 쉬운 일이 어디 있겠어요. 새 집이 되면 집값도 오를 거잖아요. 이 사업은 마을을 위한 일이니까, 힘들더라도 참고 앞장서 주세요."

노란여우가 다람쥐를 다독였어요.

"나 혼자 잘 살자고 이 일을 하는 것도 아닌데……."
다람쥐는 답답했지요.
'개발 찬성'과 '절대 반대'로 나눠진 마을 동물들은 더 이상 사이좋게 지내던 예전의 이웃이 아니었어요. 서로 의견이 다른 두 무리는 만나기만 하면 으르렁거렸지요.

장마가 시작되었어요. 오랜만에 마을이 조용했지요.
그날은 모처럼 비가 그쳐서 날이 맑았어요. 오소리는 지붕을 대충 고쳐 놓고 집을 나섰어요. 집수리할 물건들을 사러 강마을에 있는 대형 마트에 다녀오려고요.
오소리가 마을 한가운데를 지날 때였지요. 낡은 족제비 집이 보였어요. 지붕은 색이 벗겨지고 돌담은 금방이라도 허물어질 것처럼 기우뚱했어요.
돌담 옆, 길 한가운데 우뚝 선 당산나무도 보였어요. 오백 살이 넘은 나무는 아름드리 둥치를 자랑하고 있었지요. 비를 듬뿍 맞은 나뭇잎은 더없이 푸르렀고요. 우거진 가지는 돌담을 넘어 족제비 집 지붕 위까지 뻗어 있었지요.
"시간이 지날수록 집은 낡아 가는데, 나무는 점점 무성

해지는구나."

오소리가 중얼거리며 나무를 올려다보았어요. 그러다 소스라치게 놀랐지요. 아기 족제비가 나무줄기를 타며 꼭대기로 올라가고 있었거든요.

"애야, 위험해! 어서 내려와!"

오소리의 말이 떨어지기 무섭게 아기 족제비가 타고 있던 나뭇가지가 부러졌어요.

"엄마아~."

"안 돼!"

오소리는 떨어지는 아기 족제비를 향해 뛰었지요.

쿵!

떨어지는 아기 족제비를 품에 안는 순간, 오소리는 돌담에 부딪히고 말았어요. 기다렸다는 듯이 돌담이 와르르 무너졌지요. 오소리와 아기 족제비는 무너진 돌 더미에 깔리고 말았어요.

이웃들이 몰려왔어요.

"빨리 119 불러요!"

"오소리님, 정신 차려요!"

"오래된 돌담이 불안불안하더니……. 언젠가는 이런 일이 생길 줄 알았다니까!"

주위는 삽시간에 아수라장이 되었어요.

돌 더미에 깔린 오소리는 피투성이였어요. 오소리 품에 안긴 아기 족제비는 정신을 잃고 늘어져 있었지요. 몸을 일으키려던 오소리가 비명을 질렀어요.

"아야!"

오소리의 오른쪽 다리가 부러졌어요.

"구급차! 구급차는 왜 빨리 안 와요?"

"길이 좁아 못 들어와요."

"빨리 들것을 가지고 와요! 마을 입구까지 옮겨야 해요."

모두 발을 동동 굴렀지요.

"얘야, 정신이 드니?"

노란여우는 겨우 정신을 차린 아기 족제비에게 물을 먹였어요. 다람쥐는 오소리 머리에서 흐르는 피를 닦았고요.

그때였어요.

"비켜요!"

코끼리가 뛰어왔어요.

코끼리는 오소리를 등에 태우고, 코로 아기 족제비를 감아올려 성큼성큼 마을 입구로 갔지요. 구급차가 마을 입구에 도착해 있었어요.

"내 아들, 내 아들은?"

뒤늦게 족제비가 눈물 콧물이 범벅인 채로 달려왔어요.

"오소리가 아니었으면 큰일 날 뻔했어요. 구급차까지 코끼리가 데리고 왔답니다."

다람쥐가 족제비에게 말했어요.

"고맙습니다. 모두 고맙습니다."

족제비는 마을 동물들에게 머리를 조아렸어요.

"인사는 나중에 하고, 얼른."

노란여우 말에 족제비는 허둥지둥 구급차에 올라탔어요. 멀어져 가는 구급차를 보며 깊은골마을 동물들은 그제야 한숨을 돌렸지요.

"이래서 길을 넓혀야 한다니까요."

노란여우의 말에 모두 고개를 끄덕였지요. 그 모습을 지켜보던 기린은 안도의 한숨과 함께 답답한 마음이 뒤섞였어요.

다음 날, 기린은 캥거루를 찾아갔어요.

"아무래도 산꼭대기마을로 이사 가야 할 것 같아요."

막상 말을 하고 나니 기린은 울컥했어요.

"어디든 정들면 똑같아요. 살다 보면 내가 사는 곳이 최고지요. 산꼭대기마을은 높은 곳에 있어 오르기도 힘들고 강에서 멀기도 하지만 조용하고 공기는 훨씬 좋답니다."

캥거루의 말에도 기린은 걱정을 떨쳐 버릴 수 없었어요. 전학 가기 싫다고 긴 목을 늘어뜨리며 울던 아들이 자꾸만 떠올랐거든요.

그때, 코끼리가 사무실 문을 열고 들어왔어요.

"기린님도 집 구하러 오셨나요? 저는 산꼭대기마을에 집을 구했어요. 가게는 아직 마땅한 자리가 없어서 좀 더 알아봐야 할 것 같아요."

코끼리가 기린 맞은편에 앉으며 말했어요.

"깊은골마을은 추억이 많아요. 결혼해서 쭉 그곳에서 살았고……, 아이도 거기서 자랐죠."

기린은 울렁거리는 속을 달래느라 차를 한 모금 마셨어요.

"저도 그래요. 우리 가족이 편안하게 잘 살았던 곳인데,

돈이 없다고 쫓기듯 이사를 해야 한다는 게 너무 마음 아파요. 또 가게는 어디에 구해야 할지……."

크고 긴 코끼리 코가 꿈틀거렸어요.

"이놈의 현실이 너무 싫지만 어쩌겠어요. 나중에 내가 살던 마을로 다시 돌아올 수 있기를 바랄 뿐이죠."

기린이 애써 밝은 목소리로 말했어요.

"맞아요. 우리 나중에 이 마을로 꼭 돌아옵시다. 하하하."

코끼리가 크고 긴 코를 들고 사무실이 떠나가도록 웃었지요.

"그때 제가 도와드릴게요."

캥거루가 기린과 코끼리를 보며 미소 지었어요.

재개발, 좋다? 나쁘다?

도시 환경과 주거 환경을 개선하기 위해 재개발을 해요. 그럼 재개발은 무조건 좋은 걸까요? 재개발의 필요성과 개선할 점은 없는지 알아봐요.

 **재개발은 왜 하나요?**

 재개발을 하는 이유는 크게 두 가지예요.
첫째, **주거 환경을 개선하기 위해서**입니다.
비가 새는 오소리네 지붕이나 기울어진 족제비네 돌담처럼 불편하고 위험한 시설은 제때 정비하지 않으면 나중에 큰 사고로 이어질 수 있어요. 그래서 사고를 예방하고, 생활에 필요한 시설을 새로 설치하거나 개선하기 위해 재개발을 한답니다.
둘째, **도시 환경을 개선하기 위해서**입니다.
구급차나 소방차가 들어올 수 없을 만큼 마을 도로가 좁다면 넓혀야겠죠? 그리고 주차장, 놀이터, 학교, 공원 등 마을 전체에 필요한 공동 이용 시설을 만들기 위해서 재개발을 한답니다.

참고로 재건축은 도로 등 주위의 기반 시설이 잘 형성된 지역, 즉 도시 환경이 괜찮은 지역에서 오래된 공동 주택은 허물고 새로 주택을 짓는 사업을 말해요.

 **코끼리와 기린처럼 살던 곳을 떠나야 하는 동물들이 불쌍해요.**

 재개발을 하게 되면 마을에서 가게를 하며 생계를 꾸려 가던 코끼리와 추가로 내야 할 돈이 없어서 새 집에 들어갈 수 없는 기린 같은 이들이 생각보다 많아요.
재개발은 마을 주민의 과반수 이상이 찬성하면 진행할 수 있어요. 이 경우 반대하는 소수의 뜻은 반영되지 못하지요. 그래서 마을 주민들 사이에 심각한 갈등이 생기기도 한답니다. 이렇듯 **재개발이 모든 주민에게 좋은 것만은 아니에요.**

 **오래된 마을은 반드시 재개발해야 하나요?**

 꼭 그런 건 아니에요.
오래된 마을은 그곳만이 지닌 **오랜 전통과 문화가 있어요.** 그래서 요즘에는 마을에 남아 있는 역사의 흔적, 즉 옛 건물이나 골목, 나무 한 그루까지 잘 살려서 새로운 문화 공간으로 탈바꿈하는 도시 재생 프로젝트가 활발하게 진행되고 있어요.
대표적인 예로 서울 '장수마을', 부산 '감천문화마을', 통영 '동피랑 벽화마을' 등이 있답니다.

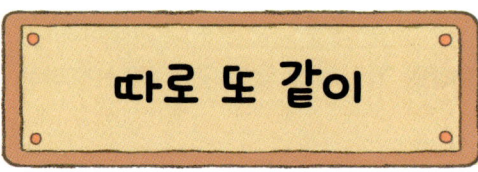

따로 또 같이

　고라니는 강마을에 있는 대학교에 합격했어요. 가고 싶었던 학교라서 가족들 모두 뛸 듯이 좋아했지요.
　기쁨도 잠시, 고라니 부모님은 걱정이 많았어요. 강마을은 고라니 집에서 너무 멀어 고라니는 가족과 떨어져 살아야 했거든요.
　"혼자 살 수 있겠니?"
　"걱정 마세요. 저도 이제 다 컸는걸요."
　고라니는 엄마 아빠에게 큰 소리로 말했어요. 조금 두렵기도 했지만요.

 며칠 뒤, 고라니는 집을 구하러 길을 나섰다가 강마을에 사는 친구 고릴라를 만났어요. 고릴라는 입학 전 신입생 환영회에서 처음 만났지만 오래된 친구처럼 서로 죽이 잘 맞았지요.
 "오랜만!"
 고릴라가 고라니 어깨를 덥석 껴안았어요.
 "집은 구했냐?"
 고릴라가 물었어요.

"이제부터 알아보려고……."

"나만 믿어! '캥거루 복덕방'에 가면 분명히 좋은 방법이 있을 거야. 나도 거기서 집을 구했거든."

고릴라가 고라니를 이끌었어요.

한편, 캥거루는 멍하니 창밖을 내다보고 있었어요. 잔뜩 물이 오른 벚꽃들은 몽글몽글 터지기 직전의 팝콘 같았지요. 눈부신 봄볕에 꽃봉오리가 이제 곧 웃음을 활짝 터트릴 거예요. 그러고는 금세 꽃잎이 눈송이처럼 하르르 휘날리겠지요. 그런 생각을 하는 캥거루 입가에 웃음이 감돌았어요.

그때, 쏟아지는 햇살을 받으며 누군가 걸어오는 모습이 보였어요. 캥거루는 문을 확 열어젖혔지요.

"고릴라님, 반가워요."

캥거루가 고릴라와 고라니에게 고사리차를 권했지요.

"제 친구예요. 좋은 집 알아봐 주세요."

고릴라가 말했어요.

캥거루는 귀를 쫑긋 세우며 고라니를 바라봤어요. 그러고는 어떤 집을 원하는지 물었지요.

"고릴라가 사는 원룸 말고 다른 곳은 없을까요?"

캥거루는 고라니 말을 들으며 메모했어요.

원룸은 방 하나에 침실, 거실, 부엌이 모두 있는 집을 말해요.

"야, 원룸이 얼마나 살기 편한데. 아파트나 빌라는 엄청 비싸."

고릴라가 어린 동생을 타이르듯 말했어요.

"엄마 아빠에게는 걱정 말라고 했지만, 사실 혼자 살려니까 좀 겁나요. 빈집에 밤늦게 들어가면 무서울 것 같기도 하고요."

고라니는 말을 하다 말고 차를 한 모금 마셨어요.

"이제 보니 너, 순 겁쟁이구나!"

고릴라가 혀를 쏙 내밀었지요.

"낯선 동네에서 가족들과 떨어져 살면 무섭지 않겠어?"

고라니가 눈을 흘겼어요.

"난 혼자 사니까 좋기만 한데."

고릴라가 어깨를 으쓱했지요.

듣고 있던 캥거루가 말했어요.

"걱정 마세요. 원하는 조건에 딱 맞는 곳이 있어요."

캥거루는 고라니와 고릴라를 데리고 밖으로 나왔어요. 큰 도로를 따라 걸어가는 동안, 캥거루는 마주치는 동물들과 인사를 빠트리지 않았어요. 지나가던 노란여우에게도 알은체를 했어요.

"요즘 지내시기 어떠세요? 깊은골마을의 재개발 공사는 잘되어 가나요?"

"이제 6개월만 있으면 새 집으로 들어간답니다."

노란여우가 들뜬 목소리로 대답했지요.

노란여우와 헤어져 걷던 캥거루는 나무 팻말이 걸려 있는 집 앞에서 걸음을 멈췄어요.

딩동.

"안녕하세요. 방을 보러 왔어요."

거실에서 텔레비전 보고 있던 박쥐가 주방으로 가며 자리를 비켜 주었어요.

캥거루는 집을 여기저기 둘러보며 말했어요.

"여긴 거실이에요. 저긴 주방, 그 옆에 세탁실이 있지요. 맨 안쪽에 화장실과 욕실이 있고요. 이곳들은 여기 사는 이들이 함께 공동으로 사용한답니다."

"방도 다 같이 써요?"

고라니가 캥거루를 빤히 봤어요.

캥거루가 웃으며 방문 하나를 열었어요. 비어 있는 방은 깨끗하게 정돈되어 있었어요. 침대 옆에 작은 옷장도 놓여 있었지요.

"방은 혼자 쓰고, 아까 본 거실이나 주방 등은 함께 사용하지요. 생활에 필요한 가구나 가전은 모두 갖추어져 있으니까 개인 짐만 가지고 들어오면 돼요."

"화장실과 욕실까지 같이 쓰면 불편할 것 같아. 난 혼자 쓰는 게 좋은데."

고릴라가 몸을 배배 꼬았어요.

"물건을 함께 쓰고 사용료를 나누어 내니까 관리비가 저

럼해서 좋아요."

식탁에서 개구리알 푸딩을 먹고 있던 박쥐가 말했어요.

"적은 돈으로 이만한 곳은 찾기 힘들 거예요."

캥거루가 맞장구쳤지요.

고라니는 입을 꼭 다물고 눈만 깜박였어요. 눈치를 살피던 캥거루가 현관문을 열며 말했어요.

"우리, 다른 곳을 좀 더 알아볼까요?"

고라니와 고릴라는 캥거루를 따라 나왔지요. 큰 도로변을 걷던 캥거루가 멈춘 곳은 3층 건물 앞이었어요.

캥거루는 안으로 들어갔어요.

"1층은 입주민들이 다 같이 사용할 수 있는 카페 겸 공동 사무실이에요."

캥거루는 곧장 2층으로 올라갔어요.

"2층과 3층에는 층마다 공동으로 사용하는 주방과 세탁실, 건조실이 있어요. 각자의 방은 따로 있고요."

캥거루 말을 듣다 말고 고릴라가 끼어들었어요.

"그럼 화장실과 욕실은요?"

캥거루는 대답 대신 비어 있는 방문을 열었어요.

"우아!"

고릴라와 고라니의 입이 쩍 벌어졌지요.

방에는 침대와 붙박이 옷장, 책상, 텔레비전과 냉장고까지 다 있었어요. 냉난방 시설까지 완벽했지요. 고라니는 방 안쪽에 있는 문을 열었어요. 그곳엔 화장실과 샤워 부스가 있었어요.

"여긴 아까 본 '행복한 셰어 하우스'보다 개인의 사생활이 더 많이 보장되지요."

캥거루가 말했어요.

"그럼 더 비싸겠네요?"

고라니가 물었어요.

"아무래도 그렇겠죠?"

캥거루가 눈을 찡긋했어요.

"진짜 좋다. 나, 여기로 이사 올래."

고릴라가 설레발을 쳤어요.

"고라니님은 어떠세요?"

고라니는 한참 생각하다가 입을 열었어요.

"아르바이트해서 번 돈으로 학비 내기도 빠듯할 거예요. 아무래도 관리비가 적은 '행복한 셰어 하우스'가 저에게 더 잘 맞는 것 같아요."

고라니는 곧바로 '행복한 셰어 하우스'로 이사했어요. 고라니의 짐은 이삿짐이라고 하기에는 너무 단출했지요. 옷이 든 가방과 책 몇 권이 이삿짐 전부였으니까요.

몇 달 뒤, 고릴라도 뒤따라 이사했어요.

"너랑 같이 살려고 왔어."

"나랑 같이?"

눈이 동그래지는 고라니를 보며 고릴라가 머리를 벅벅 긁었어요.

"헤헤, 혼자 오래

살았더니 조금 외로웠거든. 우리 따로 또 같이 살자!"

고릴라는 고라니 어깨에 팔을 턱 걸쳤지요.

"내 방에 불쑥불쑥 함부로 들어오기 없기다!"

고라니는 고릴라에게 다짐을 받았어요.

"당연하지!"

고릴라는 맹세하듯 한 손을 번쩍 들었지요.

고라니와 고릴라는 각자 학교 다니면서 틈틈이 아르바이트까지 하느라 정신없이 바쁘게 지냈어요. 그래도 시간이 날 때마다 함께 저녁을 먹고, 텔레비전을 보기도 했지요.

그날은 오랜만에 둘이서 산책을 나갔어요.

"저기 봐."

고라니가 불빛이 환한 식당을 가리켰어요. 거기에는 캥거루가 혼자 밥을 먹고 있었지요.

"캥거루님!"

고릴라는 후다닥 식당 안으로 들어갔어요.

"왜 혼자 식사하세요?"

고라니와 고릴라가 캥거루 맞은편에 앉으며 물었어요.

"엄마 돌아가시고 난 뒤부터 줄곧 혼자 살아요. 그래서 이렇게 가끔 나와서 혼자 밥을 먹는답니다."

그렇게 말하는 캥거루 눈이 조금 슬퍼 보였지요.

"우리가 사는 곳에 방이 하나 비어 있던데, 우리랑 같이 살아요."

고릴라가 캥거루 앞으로 바짝 얼굴을 들이밀었어요.

"에이, 캥거루님이 뭐 하러?"

고라니가 고릴라에게 통박을 주었지요.

"두 분이서 한집에 사니까 좋으세요?"

캥거루 눈이 불빛에 반짝였어요.

고릴라가 고개를 크게 끄덕였지요.

"전 원래 혼자 있는 걸 좋아해요. 그런데 가끔은 혼자라서 외로울 때도 있거든요. 그럴 때 거실에 나가면 고라니나 박쥐가 있어서 좋아요. 밖에서 들어올 때도 누군가 집에 있다고 생각하면 덜 쓸쓸하기도 하고요."

고릴라 말에 고라니도 맞장구를 쳤지요. 캥거루는 말없이 듣고만 있었어요.

찬바람이 불기 시작하자 캥거루도 '행복한 셰어 하우스'로 이사했어요.

캥거루가 살던 집은 겨울에 몹시 추웠어요. 또 너무 오래 혼자 살아서 외롭기도 했고, 고라니와 고릴라, 박쥐가 오순도순 정답게 사는 모습을 보니 부럽기도 했거든요.

캥거루가 이사 온 날, 환영 파티가 열렸어요. 박쥐와 고릴라, 고라니까지 모두 한자리에 모였지요. 식탁에는 갖가지 음식들이 놓여 있었어요.

박쥐가 호박주스를 따르며 말했어요.

"우리의 행복을 위해, 건배!"

"따로 또 같이, 아자!"

잔을 부딪치는 소리와 함께 웃음소리가 집 안 가득 울렸지요.

나의 집? 우리 집?
공유 주택

공유 주택은 거주자들이 모임, 식사 등을 하는 공간 및 시설을 함께 사용하며 지내는 새로운 형태의 주거 공간이에요. 공유 주택의 장점과 종류에 대해 함께 알아봐요.

 ### 공유 주택이 뭐예요?

 공유 주택이란 **가족이 아닌 이들이 공간이나 시설 등을 공동으로 사용하며 같이 사는 집**을 말해요. 각자 자신의 방은 따로 사용하고, 거실이나 주방 등은 함께 사용하죠.

혼자 있고 싶을 때는 자신만의 공간에 있으면서 독립해서 사는 느낌을 가질 수 있고, 외롭다고 느껴질 때는 거실이나 주방 같은 공용 공간으로 나가서 함께 사는 다른 이들과 얘기 나눌 수 있어요. 그래서 공유 주택을 '따로 또 같이' 사는 방법이라고도 해요.

 ### 공유 주택에 살면 어떤 점이 좋아요?

 혼자서 집을 마련하려면 한 번에 큰돈이 들거나 월세 부담이 커요. 하지만 여럿이 모여 살면 집을 마련하는 데 드는 비용을 나누어 내게 되어 **경제적 부담을 줄일 수 있지요.**

또, 가구나 가전이 이미 마련되어 있어 이사할 때 들고 다니지 않아서 좋아요. 그래서 **집에 들어갈 때도, 집에서 나올 때도 이삿짐이 많지 않아 가볍게 움직일 수 있지요.**

 공유 주택에 대해서 좀 더 자세히 알고 싶어요.

 공유 주택의 대표적인 예로 셰어 하우스와 코리빙 하우스가 있어요.

셰어 하우스는 '함께 나누어 쓰는 집'이라고 생각하면 쉬워요.

셰어 하우스	Share	House
	나누다	집

셰어 하우스는 개인적인 공간인 방은 각자 하나씩 쓰고, 화장실, 욕실, 거실, 주방이나 세탁실 등은 같이 사는 이들이 함께 사용해요.

코리빙 하우스는 '함께 사는 집'이라고 생각하면 쉬워요.

코리빙 하우스	Co-Living	House
	함께 산다	집

코리빙 하우스는 각자의 방에 침대뿐만 아니라 화장실과 욕실, 냉난방 시설, 옷장, 텔레비전 등 개인의 생활에 필요한 시설이 모두 갖추어져 있어요. 공용 공간에는 생활에 꼭 필요한 거실, 주방뿐만 아니라 운동 시설, 작은 도서관 등 다양한 공간이 갖추어져 있지요.

내가 생각하는 집

　금방이라도 눈이 쏟아질 것 같은 날이었어요. 판다는 선물을 챙겨 들고 집을 나섰어요. 캥거루가 이사한 집에 초대했거든요. 마침 줄 것도 있다면서요.
　판다가 도착한 집 대문 옆에는 함께 사는 동물 이름이 적혀 있었지요.
　딩동!
　문을 열어 주는 캥거루는 사무실에서 보던 모습과 많이 달랐어요. 항상 깔끔하게 다듬어져 있던 털은 부스스했고

쫑긋하게 서 있던 귀는 축 늘어져 있었지요. 눈빛은 편안해 보였고요.

"이리 와서 고구마 드세요."

거실에서 고라니가 판다에게 손짓했어요. 고릴라와 박쥐도 함께 있었지요.

거실 한쪽에는 난로가 놓여 있었어요. 그 위에 주전자가 올려져 있고요. 주전자 옆에는 고구마가 익어 가고 있었지요. 고라니가 잘 익은 고구마 하나를 집어 들었어요.

"앗, 뜨거워!"

고라니는 고구마를 이쪽저쪽 손으로 옮기며 입김을 호

호 불었어요.

"내가 뭐랬냐? 그럴 땐 조심해야 한다고 했잖아!"

고릴라가 키득거렸어요.

"또, 또 잔소리."

고라니가 종주먹을 들이댔지요.

"어휴, 그만 좀 하시지."

박쥐는 입이 찢어져라 하품했어요.

앞주머니에서 수첩을 꺼내던 캥거루가 판다 귀에다 대고 작게 말했어요.

"맨날 저러고 놀아요. 그래도 서로를 얼마나 챙기는지 몰라요."

말하는 캥거루 입이 벙글거렸지요.

고라니가 건네준 고구마를 먹는 판다 눈에 거실 벽에 붙어 있는 하얀 종이가 보였어요. 기본 규칙이 빼곡하게 적힌 종이였지요.

"판다님도 여기로 이사 오세요. 저기에 도장 꾹 찍게요."

고라니가 다가와 말했어요.

"아~함, 저도 환영합니다. 박쥐 하품이 옮았나 봐요. 낮

함께 행복하기 위한 기본 규칙

- **고라니:** 울고 싶을 때는 밖에 나가서 실컷 울기.
- **고릴라:** 털 속의 이는 반드시 혼자 있을 때만 잡기.
- **박쥐:** 밤에 다닐 때는 소리 내지 말고 조용히 날기.
- **캥거루:** 사뿐사뿐 걷기. 절대 뛰기 없기.

※ 규칙 위반 시 행동 수칙

- **1회 위반:** 한 번은 참아 준다. 누구나 실수하니까.
- **2회 위반:** 당번 대신 거실 청소하기.
- **3회 위반:** 일주일 내내 거실 청소하기.
- **4회 위반:** 일주일 거실 청소와 간식 사기.

⋮

- **10회 위반:** 더 이상은 못 참아. 당장 나가!

위 사항에 모두 동의하고 지킬 것을 약속합니다.

고라니　　고릴라　　박쥐　　캥거루

잠이나 자야겠어요."

고릴라가 입이 찢어져라 하품하며 일어섰어요.

"저희도 낮잠 자러 사라질게요."

고라니와 박쥐까지 자신의 방으로 들어갔어요. 거실에는 캥거루와 판다만 남았어요.

"많이 편안해 보여요."

판다가 싱긋 웃었어요.

"이 집에 살면서 느낀 게 많아요. 공인 중개사 일을 하면서 집을 소개한다고 생각했는데, 제가 그동안 건물만 소개한 것은 아닌가 하는 반성을 했어요. 집은 단순하게 건물만 말하는 게 아니라는 걸 새삼 깨달았거든요."

캥거루는 며칠 전 일을 떠올렸어요. 그리고는 차를 한 모금 마시고 말을 이었지요.

"며칠 전, 제가 기침을 심하게 한 날이었어요. 지독한 감기였지요. 몸이 불덩이였어요. 그때 밤새 고라니, 고릴라, 박쥐가 번갈아 가며 돌봐 주었어요. 끙끙 앓으면서도 안심이 되더라고요. 옆에서 돌봐 주는 그들이 가족같이 느껴졌어요. 그때 깨달았죠. '집이라는 게 이런 거구나.' 하고요."

말을 마친 캥거루가 다정한 눈빛으로 판다를 봤어요.
"말을 듣고 보니, 저도 여기로 이사 오고 싶어지네요."
판다가 부러운 듯 말했어요.
"이사 온다면 대환영이에요."
캥거루가 들고 있던 수첩을 판다에게 건네주었어요.
"그동안 우리가 나눴던 대화를 여기에 다 적어 두었어요."
"세상에! 정말 꼼꼼하시네요. 감사합니다."
"집은 정말 소중한 것 같아요. 흰여우, 사슴, 당나귀, 기린 등 모든 동물이 각자의 보금자리에서 행복했으면 좋겠어요. 그 마음을 담아 꾹꾹 눌러 적었답니다."

환하게 웃는 캥거루의 눈빛이 따스하게 반짝였어요. 판다는 수첩을 보물처럼 끌어안았지요.

창밖에 눈이 내리기 시작했어요. 눈은 금세 펑펑 쏟아졌지요. 푸지게 내린 눈은 온 마을을 하얗게 뒤덮었어요. 난로 위 주전자에서 김이 모락모락 피어오르고 있었지요.

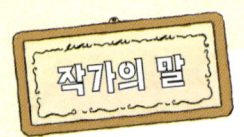

작가의 말

캥거루 꼬임에 빠졌지 뭐예요

경상남도 고성에 가면 동시·동화 작가들 나무가 숲을 이루고 있는 '동시동화나무의 숲'이 있어요. 몇 년 전, 그 숲을 돌아보다가 우연히 농구공만 한 구멍을 발견했어요. 같이 걷던 선생님이 '오소리 집'이라고 가르쳐 주었지요. 오소리 진짜 집은 따로 있는데 여기 집을 하나 더 지었대요. '오소리도 나처럼 글을 쓰는 방이 필요한 걸까?' 머릿속에 재미있는 이야기들이 지나갔어요.

며칠 뒤, 길을 걷는데 한 아이가 간판을 보며 묻는 거예요.
"엄마, 공인 중개사가 뭐예요?"
아이와 스쳐 지나가서 엄마 대답을 듣지 못했지만 제 머릿속엔 그 대답들이 떠올랐어요.

그러다 어느 날, 제가 좋아하는 동화 작가 선생님을 만났어요. 이런저런 이야기를 나누다가 고성에서 본 오소리 집 이야기와 공인 중개사가 뭐냐고 묻던 아이 이야기를 했어요. 그 말을 듣던 그분이 대뜸 제게 부동산에 관한 이야기를 쓰라는 거예요. 왜냐고 묻자 그

선생님이 대답했어요.

"요즘 신문과 방송에 온통 부동산 이야기잖아요. 시사에 관심 많은 아이들에게 부동산 정보를 알려 주는 책이 있으면 좋겠어요."

그 뒤로 그 말을 한참 잊고 지내다가 오소리 이야기를 쓰려고 컴퓨터를 켰는데 자꾸 캥거루가 꼬드기는 거예요. 자기 이야기 좀 들어 보라고요. 한번 시작된 이야기는 끝이 없었어요. 저는 부지런히 받아 적었지요.

캥거루가 들려준 이야기를 정리하면서 '굳이 이런 이야기를 친구들에게 해야 하나?'와 '이 정도 이야기는 꼭 필요해.' 사이에서 고민이 많았어요. 친구들과 눈높이를 맞추려고 무척 노력했지요. 그런 고민과 노력들이 캥거루를 통해 잘 전해졌으면 좋겠어요.

이야기를 시작할 때 긴 시간 인터뷰해 주신 서정렬 교수님, 눈높이를 함께 고민해 준 나의 우주선들과 캥거루를 알아봐 주고 집을 예쁘게 꾸며 주신 이은지, 김유영 편집자님께 감사드립니다.

함께 걷는 글벗들과 항상 응원해 주시는 많은 분들, 든든한 나의 가족들과 선물처럼 찾아온 재현이에게 깊은 사랑을 전합니다.

김나월

★참고 자료

서정렬 외,《부동산학개론》, 이프레스, 2013.
석혜원,《공유경제 쫌 아는 10대》, 풀빛, 2020.
윤석천,《수업 시간에 들려주지 않는 돈 이야기》, 지상의책, 2020.
이병철,《알기 쉬운 재개발·재건축 사업》, 부연사, 2009.